ニューエクスプレス
# インドネシア語 単語集

原 真由子 著

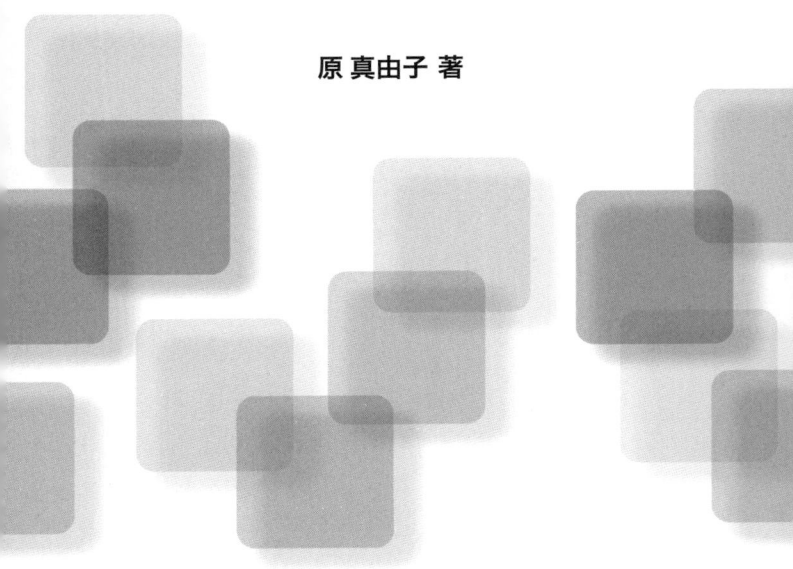

白水社

装丁・本文レイアウト：白畠かおり

# はじめに

　インドネシアの特徴を1つ挙げるなら「多様性」です。インドネシアはたくさんの島々と広大な領土からなり、そこには様々な民族、言語、文化社会が見られます。その中で国語として、また共通語として広く用いられているインドネシア語は、発音・文字、文法が比較的容易であり、とても学びやすい言語です。単語をより多く覚えることがインドネシア語の上達に直結します。

　本書では、[インドネシア語—日本語] 編で約3500語、[日本語—インドネシア語] 編では前掲の中から約1000語を選んで掲載しました。前編の単語の選定には使用頻度を重視し、さらに文化的差異も考慮しています。また、語義だけでなく、語幹と派生語の関係も示しました。同じ語幹をもつ派生語が複数ある場合には語幹も見出し語として立て、派生語をまとめて示してありますので、語幹から派生語を探すことができます。そして逆に、見出し語となる派生語には語幹を示してありますので、語幹の項を見れば同じ語幹をもつ別の派生語を知ることができます。各単語を覚えながら、インドネシア語の語彙の理解に不可欠な、語幹を中心とした派生語のネットワークを頭に描くことができるようになるでしょう。

　また [日本語—インドネシア語] 編では、日本人の視点からインドネシアの生活文化を見た場合を想定し、ジャンル別に日本語からインドネシア語を引けるようになっています。二言語間で意味の範囲が必ずしも一致しない単語や、インドネシア語の類義語・同義語を考慮し、日本語話者にとってわかりやすいよう並べました。

　本書は基礎的な単語から、わりに抽象的な単語まで幅広く掲載しています。インドネシア語をしっかり勉強したい人は語彙力の増強と定着に使ってください。また、旅行や出張・駐在、日本国内のインドネシア人（留学生や研修生など）とのコミュニケーションなどで、初めてインドネシア語に触れる人にも気軽に使っていただけます。ぜひ本書を持ち歩き、いろんな状況に合わせてインドネシア語の単語を調べてみてください。

著　者

# もくじ

はじめに 003
凡例 005

## インドネシア語 → 日本語 007

## 日本語 → インドネシア語 179

あいさつ 180
代名詞・疑問詞 182
家族 183
数 184
単位・量 185
時間 186
曜日・月・季節 188
位置・方角 189
自然・天候 190
資源・素材 192
植物 193
動物 194
人のからだ 196
病気 198
感覚・感情 200
人の描写 201
人生 202
仕事・職業 203
勉強・学校 204
衣類 205

調理・味 206
野菜・果物 207
穀類・調味料など 208
食べ物・飲み物 210
住まい 212
家具・家電 213
交通・乗り物 214
旅行・買い物 216
国・地域 218
通信・情報 220
行政 221
文化・宗教・芸術 222
スポーツ 224
基本の動作 225
日常で使う動詞 226
形状・性質・色 229
助動詞 232
接続詞・副詞など 234

索引 238

# 凡例

■見出し語の表示パターン

① 語幹が見出し語になる場合

語義の後ろに→で派生語を挙げてあります。派生語は主に接辞がつくことにより形成されます。

**bahasa** バハサ　　　　　　　　言語、言葉　→ berbahasa

語幹が独立した語として語義をもたない場合には、[語幹]と示した後ろに→で派生語を挙げてあります。

**erti** ウルティ　　　　　　　　[語幹]　→ mengerti, pengertian

※独立した語として機能する語幹であっても、便宜上語義を与えていないものがあります。特に動詞の場合、口語体では接辞がとれた形（つまり語幹のまま）で使われることがよくあります。

② 派生語が見出し語になる場合

語義の後ろに[ ]で語幹を示しています。

**berbicara** ブルビチャラ　　　　話す [bicara]

語幹に明確な語義がある場合は、[ ]内にその語義も示してあります。

**berbahasa** ブルバハサ　　　　～語を話す [bahasa 言葉]

語幹からではなく、別の派生語から派生した語が見出し語になっている場合は、[ ]内のスラッシュ (/) の後に示しています。

**kepemimpinan**　　　　　　　リーダーシップ [pimpin / pemimpin
クプミンピナン　　　　　　　　指導者]

語幹自体が見出し語として掲載されていない場合には、[ ]内に☆を付してあります。

**mengintip** ムギンティプ　　　覗く [intip☆]

■ e と é のつづり

インドネシア語の正書法は、いわゆる「ローマ字読み」をすればほぼ発音できるつづり方であり、また文字と音が1対1に対応しています。ただし、eの文字は、[e]と[ə]（中舌母音）の2つの母音を表します。通常、新聞や雑誌などではこの2つの区別はされませんが、本書では辞書で用いられる表示に従い、[e]の場合はé、[ə]の場合はeと記しています。

■やや口語的な語の場合には、後ろに*を付しています。
 **céwék***　チェウェッ　　　　　　女

■接辞の種類
 語幹から別の単語が形成される場合 (つまり派生語ができる場合)、(1) 接辞が語幹の前あるいは後ろに付加される方法と (2) 語幹の全体あるいは一部が繰り返される方法の 2 つがあります。おもには (1) のやり方によって派生語ができます。

 (1) の方法では、接頭辞のみが付加される場合 (xx-)、接尾辞のみが付加される場合 (-xx)、接頭辞と接尾辞がともに付加される場合 (xx- -xx) があります。本書に登場する接辞は以下の通りです。

| | | |
|---|---|---|
| meN- | ber- | peN- -an |
| meN- -kan | ber- -an | per- -an |
| meN- -i | ber- -kan | pe- -an |
| memper- | ter- | ke- |
| memper- -kan | peN- | ke- -an |
| memper- -i | pe- | -an |

- meN- が付加する動詞 (他動詞) は、動作主が 1 人称・2 人称である受身形の場合は meN- が外れ、動作主が 3 人称である受身形の場合は meN- が di- に交替します。
- meN- と peN- の N の部分は、後ろにくる語幹の最初の音によって変化します (次項参照)。

■接辞を付加するときの音韻変化
 語幹に付加するとき音の変化が生じる接辞はおもに meN- と peN- で、いずれかが含まれる派生語には注意が必要です。変化のしかたは表で確認してください。( ) で囲んである子音は鼻音と同化し消えてしまいます。

| 語幹の最初の音 | meN- | peN- | 例 |
|---|---|---|---|
| (p,) b, f, v | mem- | pem- | pakai → **mem**akai<br>baca → **mem**baca |
| (t,) d, c, j, sy, z | men- | pen- | tanam → **men**anam |
| (k,) g, h, kh, 母音 | meng- | peng- | kirim → **meng**irim<br>ajar → **meng**ajar |
| (s) | meny- | peny- | sapu → **meny**apu |
| m, n, ng, l, r, w, y, ny | me- | pe- | rasa → **me**rasa |
| 単音節 | menge- | penge- | bom → **menge**bom |

# インドネシア語 ✈ 日本語

# A

| | |
|---|---|
| **abad** アバッ | 世紀 |
| **abadi** アバディ | 永久の |
| **abang** アバン | 兄 |
| **abjad** アブジャッ | アルファベット |
| **abon** アボン | 肉・魚のそぼろ、でんぶ |
| **absén** アブセン | 欠席、欠席する |
| **abu** アブゥ | 灰　→ abu-abu |
| **abu-abu** アブゥアブゥ | 灰色［abu 灰］ |
| **AC** アーセー | エアコン |
| **acar** アチャル | 酢の物、漬け物 |
| **acara** アチャラ | 予定　→ pengacara |
| **ada** アダ | いる、ある　→ adalah, berada, keadaan, keberadaan, mengadakan |
| **adalah** アダラ | すなわち［ada いる］ |

RI *adalah* singkatan dari République Indonésia.
　　　　RIとはすなわちインドネシア共和国の略語である。

| | |
|---|---|
| **adat** アダッ | 慣習 |
| **adegan** アデガン | 場面、シーン |
| **adik** アディッ | 弟、妹 |
| **adil** アディル | 公正な、公平な　→ keadilan, ketidakadilan, pengadilan |
| **administrasi** アドミニストラシ | 管理、事務 |
| **aduh** アドゥ | まあ、ああ（驚き、苦痛） |

*Aduh*, dompét saya hilang.　　ああ、私の財布がなくなった。

| | |
|---|---|
| **advokat** アドフォカッ | 弁護士 |
| **Afrika** アフリカ | アフリカ |
| **agak** アガッ | やや |

008

| | | |
|---|---|---|
| *agak* sulit | やや難しい | |
| **agama** アガマ | 宗教　→ beragama | |
| **agar** アガル | 〜になるように | |
| berusaha *agar* bisa lulus ujian | 試験を通過できるように努力する | |
| **agén** アゲン | 代理店 | |
| **agung** アグン | 立派な、偉大な | |
| **Agustus** アグストゥス | 8月 | |
| **ahli** アフリ | 専門家 | |
| **air** アイル | 水　→ mengairi, pengairan | |
| *air* mata | 涙 | |
| *air* putih | 湯冷まし | |
| **air liur** アイル リウル | よだれ、唾 | |
| **air seni** アイル スニ | 尿（urine もよく使われる） | |
| **ajar** アジャル | ［語幹］　→ ajaran, belajar, mempelajari, mengajar, pelajar, pelajaran, pengajar, pengajaran | |
| **ajaran** アジャラン | 教え［ajar］ | |
| **akan** アカン | 〜する予定である　→ seakan-akan | |
| Harga BBM *akan* dinaikkan lagi. | 燃料価格がまた上げられる予定である。 | |
| **akar** アカル | 根 | |
| **akhir** アヒル | 終わり　→ akhir-akhir ini, akhiran, akhirnya, berakhir, mengakhiri, terakhir | |
| **akhir-akhir ini** アヒルアヒル イニ | 最近［akhir 終わり］ | |
| **akhiran** アヒラン | 接尾辞［akhir 終わり］ | |
| **akhirnya** アヒルニャ | 終に、とうとう、やっと［akhir 終わり］ | |
| **akibat** アキバッ | 結果、報い　→ mengakibatkan | |

| | | |
|---|---|---|
| **akrab** アクラップ | | 仲の良い |
| **aktif** アクティフ | | 活発な、積極的な |
| **aku** アクゥ | | おれ、あたし（親しい目下・同等の相手に使う）→ mengaku, mengakui, pengakuan |
| **alam** アラム | | 自然　→ mengalami, pengalaman |
| **alamat** アラマッ | | 住所 |
| **alangkah** アランカ | | 何と〜か（感嘆）［alang☆］ |
| *Alangkah* indahnya pemandangan di sini! | | ここの景色は何と美しいことか！ |
| **alas** アラス | | 土台、敷物　→ alasan |
| **alasan** アラサン | | 理由、言い訳、口実　［alas 土台］ |
| **alat** アラッ | | 道具　→ peralatan |
| **alir** アリル | | ［語幹］→ aliran, mengalir |
| **aliran** アリラン | | 流れ、流派　［alir］ |
| **alis** アリス | | 眉毛 |
| **alkohol** アルコホル | | アルコール |
| **alpokat** アルポカッ | | アボカド |
| **aman** アマン | | 安全な　→ keamanan, mengamankan |
| **amat**[1] アマッ | | とても |
| *amat* luas | | とても広い |
| **amat**[2] アマッ | | ［語幹］→ mengamati, pengamat, pengamatan |
| **ambil** アンビル | | ［語幹］→ mengambil, pengambilan |
| **amis** アミス | | 生ぐさい |
| **amplop** アンプロップ | | 封筒 |

| | | |
|---|---|---|
| **anak** アナッ | 子供 → beranak | |
| **ancam** アンチャム | [語幹] → ancaman, mengancam | |
| **ancaman** アンチャマン | 脅迫、脅し [ancam] | |
| **Anda** アンダ | あなた（同等・目下や初対面の相手に使う） | |
| **anéh** アネ | 奇妙な、変わった、おかしい | |
| **anggaran** アンガラン | 予算 [anggar☆] | |
|   *anggaran* belanja | 予算 | |
| **anggota** アンゴタ | メンバー、成員 | |
| **anggrék** アングレッ | 蘭 | |
| **anggur**[1] アングル | ブドウ；ワイン | |
| **anggur**[2] アングル | [語幹] → menganggur, pengangguran | |
| **angin** アギン | 風 | |
| **angka** アンカ | 数、数字 | |
| **angkat** アンカッ | 養いの → angkatan, berangkat, keberangkatan, mengangkat | |
|   anak *angkat* | 養子 | |
| **angkatan** アンカタン | 世代、学年；軍隊 [angkat] | |
|   *angkatan* 45 | 45 年世代 | |
|   *angkatan* darat | 陸軍 | |
| **angklung** アンクルン | アンクルン（竹楽器） | |
| **angkuh** アンクゥ | 横柄な | |
| **angkut** アンクッ | [語幹] → angkutan, mengangkut | |
| **angkutan** アンクタン | 乗り物 [angkut] | |
| **anjing** アンジン | 犬 | |
| **antar** アンタル | [語幹] → mengantar(kan), pengantar | |

| | |
|---|---|
| **antara** アンタラ | あいだ |
| *antara* A dan B | AとBの間 |
| **anting-anting** アンティンアンティン | イヤリング |
| **antré** アントレ, **antri** アントリ | 行列 |
| **anut** アヌッ | 従順な → menganut, penganut |
| **apa** アパ | 何 → apakah |
| **apabila** アパビラ | ～する場合、もし～ならば |

Apa yang harus dilakukan *apabila* gempa bumi besar terjadi?
　　　　　大地震が起こった場合、何をしなければならないか。

| | |
|---|---|
| **apakah** アパカ | ～ですか？［apa 何］ |
| *Apakah* berita ini benar? | このニュースは本当ですか？ |
| **apalagi** アパラギ | ましてや |

Anak SD saja mengerti hal itu, *apalagi* orang déwasa.
　　　　　小学生でもそのことがわかる、ましてや大人は。

| | |
|---|---|
| **apartemén** アパルトメン | アパート、マンション |
| **apel** アプル | リンゴ |
| **api** アピ | 火 |
| **apoték** アポテッ, **apotik** アポティッ | 薬局 |
| **April** アプリル | 4月 |
| **Arab** アラッブ | アラブ |
| **Arab Saudi** アラッブ サウディ | サウジアラビア |
| **arah** アラ | 方向、方角 → mengarah |
| **arak** アラッ | 酒（米が原料） |
| **arang** アラン | 炭 |
| **are** アーロ | アール（単位） |
| **arisan** アリサン | 無尽、講（仲間で掛け金を集め、一定の期日に抽選で所定の額を順次に融通する互助組織） |

| | |
|---|---|
| **arti** アルティ | 意味　→ artinya, berarti |
| **artikel** アルティクル | 記事、論文 |
| **artinya** アルティニャ | つまり［arti 意味］ |
| **artis** アルティス | 芸能人 |
| **AS** アーエス | アメリカ合衆国（=Amérika Serikat） |
| **asal**[1] アサル | ～である限り、～さえすれば |

*Asal* diberikan uang, dia mau melakukan apa pun.
　　　　　　　　　彼はお金をもらいさえすれば、何でもやる。

| | |
|---|---|
| **asal**[2] アサル | 出身、源　→ berasal |
| **asam** アサム | 酸っぱい；タマリンド（植物・香辛料） |
| **asap** アサップ | 煙 |
| **asbak** アスバッ | 灰皿 |
| **Asia** アシア | アジア |
| **asin** アシン | 塩辛い |
| **asing** アシン | 外国の、見慣れない |
| 　bahasa *asing* | 外国語 |
| **asli** アスリ | 本来の、本物の |
| **asrama** アスラマ | 寮 |
| **asuh** アスゥ | ［語幹］　→ mengasuh, pengasuh |
| **asuransi** アスランシ | 保険 |
| **asyik** アシッ | 夢中の、熱中した、熱心な |
| **atap** アタップ | 屋根 |
| **atas** アタス | 上　→ atasan, mengatasi |
| **atasan** アタサン | 上司［atas 上］ |
| **atau** アタウ | あるいは；すなわち |
| 　AS *atau* Amérika Serikat | USA すなわちアメリカ合衆国 |
| **atur** アトゥル | ［語幹］　→ aturan, mengatur, peraturan, teratur |

| | |
|---|---|
| **aturan** アトゥラン | 規範、規則 ［atur］ |
| **Australia** アウストラリア | オーストラリア |
| **awak** アワッ | 身体；乗組員 |
| **awal** アワル | 初め；早く → awalan |
|   *awal* bulan | 初旬 |
|   datang *awal* | 早く来る |
| **awalan** アワラン | 接頭辞 ［awal 初め］ |
| **awan** アワン | 雲 |
| **awas** アワス | 注意深い；危ない！ → mengawasi, pengawasan |
|   *Awas*, ada ular! | 危ない、蛇がいる！ |
| **ayah** アヤ | 父 |
| **ayam** アヤム | 鶏 |
| **ayo** アヨ, **ayok** アヨッ | さあ；では、さて |
|   *Ayo*, kemari! | さあ、こちらへ！ |

## B

| | |
|---|---|
| **bab** バブ | 章 |
| **babak** ババッ | （話の）幕、（スポーツの）ラウンド |
|   *babak* final | 決勝戦 |
| **babi** バビ | ブタ |
| **baca** バチャ | ［語幹］ → bacaan, membaca, membacakan, pembaca |
| **bacaan** バチャアン | 読み物 ［baca］ |
| **badai** バダイ | 台風、嵐 |
| **badak** バダッ | サイ |
| **badan** バダン | 身体；団体 |
| **bagai** バガイ | 〜のような → berbagai, sebagai |

| | |
|---|---|
| **bagaimana** バガイマナ | どのような、どのように |
| *Bagaimana* kabarnya? | 元気ですか？ |
| **bagasi** バガシ | 手荷物 |
| **bagi** バギ | 〜にとって　→ bagian, membagi, pembagian, sebagian |
| Rok ini terlalu péndék *bagi* saya. | このスカートは私には短すぎる。 |
| **bagian** バギアン | 部分、部署 [bagi] |
| **bagus** バグース | 素晴らしい |
| **bahagia** バハギア | 幸せな、幸せ　→ berbahagia, kebahagiaan |
| **bahan** バハン | 材料、素材 |
| **bahasa** バハサ | 言語、言葉　→ berbahasa |
| **bahaya** バハヤ | 危険、危険な　→ berbahaya |
| **bahkan** バフカン | ましてや |
| **bahu** バフゥ | 肩 |
| **bahwa** バフワ | 〜と（節を導く） |
| Pemerintah mengatakan *bahwa* harga bénsin harus dinaikkan. | 政府はガソリンの値段を上げなければならないと述べた。 |
| **baik** バイッ | 良い、親切な：了解　→ kebaikan, membaik, memperbaiki, perbaikan, sebaiknya, terbaik |
| *Baik*, usulan Bapak akan saya ikuti. | 了解しました、私はあなたの提案に従います。 |
| **baja** バジャ | 鋼 |
| **bajaj** バジャイ | オート三輪車のタクシー |
| **baju** バジュ | 服、上着 |
| **bakar** バカル | 焼いた　→ kebakaran, membakar, terbakar |

| | |
|---|---|
| **bakat** バカッ | 才能 |
| **bakau** バカウ | マングローブ |
| **bakso** バクソ | 肉団子 |
| **baku** バクゥ | 標準の |
|   bahasa *baku* | 標準語 |
| **balas** バラス | ［語幹］ → balasan, membalas |
| **balasan** バラサン | 返信、返事 ［balas］ |
| **Bali** バリ | バリ（島・民族・言語名） |
| **balik** バリッ | 裏側；戻る → sebaliknya |
| **balita** バリタ | 幼児 （=bawah lima tahun） |
| **bambu** バンブゥ | 竹 |
| **ban** バン | タイヤ |
| **bandara** バンダラ | 空港 （=bandar udara） |
| **banding** バンディン | ［語幹］ → membandingkan, perbandingan |
| **bangga** バンガ | 誇りに思う → membanggakan |
|   *bangga* akan ~ | ~を誇りに思う |
| **bangkit** バンキッ | 立ち上がる → pembangkit |
| **bangkrut** バンクルッ | 破産する、倒産する |
| **bangku** バンクゥ | 長椅子 |
| **bangsa** バンサ | 民族 → kebangsaan |
| **bangsawan** バンサワン | 貴族 |
| **bangun** バグン | 起きる → bangunan, membangun, membangunkan, pembangunan |
| **bangunan** バグナン | 建物 ［bangun 起きる］ |
| **banjir** バンジル | 洪水 → kebanjiran, membanjir |
| **bank** バン | 銀行 → perbankan |
| **bantal** バンタル | 枕 |

| | |
|---|---|
| **banténg** バンテン | 野牛 |
| **bantu** バントゥ | [語幹] → bantuan, membantu, pembantu |
| **bantuan** バントゥアン | 助け、援助 [bantu] |
| **banyak** バニャッ | 多い、多く → kebanyakan, memperbanyak |
| *banyak* orang | 多くの人 |
| minum *banyak* | たくさん飲む |
| **bapak** バパッ | 父；あなた；～さん（男性への敬称） |
| *Bapak* Agus | アグスさん |
| **barang** バラン | 物、品物、荷 |
| **barangkali** バランカリ | たぶん |
| **barat** バラッ | 西 → kebarat-baratan |
| *barat* daya | 南西 |
| *barat* laut | 北西 |
| **baris** バリス | 列、線；～列、～行（単位） → barisan, berbaris |
| **barisan** バリサン | 列；部隊 [baris 列] |
| **baru** バルゥ | 新しい；～したばかりだ、やっと～する → memperbarui, pembaruan |
| Cucu saya *baru* menjadi siswa SMP. | 私の孫は中学生になったばかりだ。 |
| **basah** バサ | 濡れている |
| **batal** バタル | 中止になる → membatalkan |
| **batang** バタン | 茎、幹；～本（単位） |
| **batas** バタス | 境界、限度 → membatasi, perbatasan, terbatas |
| **baterai** バテライ | 電池 |

| | | |
|---|---|---|
| **batik** バティッ | ろうけつ染め | |
| **batu** バトゥ | 石、岩；種（タネ） | |
| **batu bara** バトゥ バラ | 石炭 | |
| **batu bata** バトゥ バタ | レンガ | |
| **batuk** バトゥッ | 咳、咳をする | |
| **bau** バウ | 匂い、くさい、〜の匂いがする → berbau, membaui | |
| **bawa** バワ | [語幹] → bawaan, membawa, membawakan, terbawa | |
| **bawaan** バワアン | 荷物、持ち物 [bawa] | |
| **bawah** バワ | 下　→ bawahan | |
| **bawahan** バワハン | 部下 [bawah 下] | |
| **bawang** バワン | ネギ類 | |
| *bawang* bombai | タマネギ | |
| *bawang* mérah | エシャロット（小さい赤タマネギ） | |
| *bawang* putih | ニンニク | |
| **bayam** バヤム | ホウレンソウ、菜っ葉 | |
| **bayang** バヤン, **bayangan** バヤガン | 影、イメージ　→ membayangkan | |
| **bayar** バヤル | [語幹] → membayar, pembayaran | |
| **bayi** バイ | 赤ちゃん | |
| **BBM** ベーベーエム | 燃料（=bahan bakar minyak） | |
| **beban** ブバン | 負担 | |
| **bébas** ベバス | 自由な　→ kebébasan, membébaskan, pembébasan | |
| **bébék** ベベッ | アヒル、カモ | |
| **beberapa** ブブラパ | いくつかの [berapa いくつ] | |
| *beberapa* hari | 数日 | |

| | |
|---|---|
| **bécak** ベチャッ | ベチャ（自転車タクシー） |
| **béda** ベダ | 違い、違う → berbéda, membédakan, perbédaan |
| **bedah** ブダ | 手術、外科 |
| **bedak** ブダッ | おしろい |
| **begadang** ブガダン, **bergadang** ブルガダン | 夜更かしする、徹夜する [gadang☆] |
| **begini** ブギニ | このような、このように |
| **begitu** ブギトゥ | そのような、そのように |
| **bekal** ブカル | 弁当、小遣い |
| **bekas** ブカス | 中古 |
| mobil *bekas* | 中古車 |
| **bekerja** ブクルジャ | 働く [kerja 仕事] |
| **beku** ブクゥ | 凍った |
| **belah** ブラ | 割れる；側 → sebelah |
| dua *belah* pihak | 双方 |
| **belajar** ブラジャル | 勉強する [ajar] |
| **belakang** ブラカン | 後ろ、裏 → belakangan ini |
| **belakangan ini** ブラカガン イニ | 最近 [belakang 後ろ] |
| **belalang** ブララン | バッタ、バッタの類い |
| **Belanda** ブランダ | オランダ |
| **belas** ブラス | 十〜 → belasan, kesebelasan |
| *sebelas* | 11 |
| dua *belas* | 12 |
| **belasan** ブラサン | 十代 [belas 十〜] |
| *belasan* tahun | 十数年、十代 |
| **beli** ブリ | [語幹] → membeli, membelikan, pembeli, pembelian |

| | |
|---|---|
| **beliau** ブリオウ | あの方 |
| **belimbing** ブリンビン | スターフルーツ |
| **bélok** ベロッ | 曲がる |
| *bélok* ke kiri di perempatan | 交差点で左に曲がる |
| **belum** ブルム | まだ〜ない；いいえ　→ sebelum |
| *belum* pernah ke Prancis | フランスに行ったことがない |
| Apakah Anda sudah menukar uang?—*Belum*. | もう両替はしましたか?―いいえ、まだです。 |
| **belut** ブルッ | ドジョウ、ウナギ |
| **bémo** ベモ | 乗り合いバン |
| **benang** ブナン | 糸 |
| **benar** ブナル | 正しい、本当の、真実の　→ kebenaran, membenarkan, sebenarnya |
| **bencana** ブンチャナ | 災害 |
| **benci** ブンチ | 憎む、嫌いだ |
| **benda** ブンダ | 物、物体 |
| **bendéra** ブンデラ | 旗 |
| **bengkak** ブンカッ | 腫れる、むくむ |
| **béngkél** ベンケル | 作業場、修理工場 |
| **bening** ブニン | （水などが）透明な |
| **bénsin** ベンシン | ガソリン |
| **bentuk** ブントゥッ | 形　→ membentuk, pembentukan |
| **benua** ブヌアア | 陸、大陸 |
| **berada** ブルアダ | 滞在する［ada いる］ |
| **beragama** ブルアガマ | 〜教を信仰する［agama 宗教］ |
| *beragama* Hindu | ヒンドゥー教を信仰する |
| **bérak** ベラッ | 大便、大便をする |
| **berakhir** ブルアヒル | 終わる［akhir 終わり］ |

| | | |
|---|---|---|
| **beranak** ブルアナッ | | 子供をもつ；生む [anak 子供] |
| Anjing itu *beranak* dua. | | その犬は2匹の子を産んだ。 |
| **berangkat** ブランカッ | | 出発する、出かける [angkat] |
| **berani** ブラニ | | 勇敢な、勇気がある |
| **berapa** ブラパ | | いくつ、いくら → beberapa |
| **berarti** ブルアルティ | | 意味する、意味がある [arti 意味] |
| **beras** ブラス | | 米 |
| **berasal** ブルアサル | | ～出身である [asal 出身] |
| *berasal* dari Belanda | | オランダの出身である |
| **berat** ブラッ | | 重い → keberatan |
| **berbagai** ブルバガイ | | いろいろな [bagai ～のような] |
| *berbagai* bahasa | | さまざまな言語 |
| **berbahagia** ブルバハギア | | 幸せな、幸福な [bahagia 幸せな] |
| **berbahasa** ブルバハサ | | ～語を話す [bahasa 言葉] |
| *berbahasa* Arab | | アラビア語を話す |
| **berbahaya** ブルバハヤ | | 危険な [bahaya 危険] |
| **berbaring** ブルバリン | | 横になる [baring☆] |
| **berbaris** ブルバリス | | 並ぶ、整列する [baris 列] |
| **berbau** ブルバウ | | くさい、～の匂いがする [bau 匂い] |
| **berbéda** ブルベダ | | 違う [béda 違い] |
| *berbéda* dengan ～ | | ～と違う |
| **berbelanja** ブルブランジャ | | 買い物する [belanja☆] |
| **berbicara** ブルビチャラ | | 話す [bicara] |
| Dia tidak berani *berbicara* dengan wanita. | | |
| | | 彼は女性と話す勇気がない。 |
| **berbisik(-bisik)** ブルビシッ(ビシッ) | | ひそひそ話す [bisik☆] |
| **berbohong** ブルボホン | | 嘘をつく [bohong 嘘] |
| **berbuah** ブルブア | | 実がなる [buah 実] |

| | | |
|---|---|---|
| **berbuat** ブルブアッ | | 〜の行為をする [buat] |
| *berbuat* jahat | | 悪さをする |
| **berbulan-bulan** ブルブーランブーラン | | 何か月も [bulan 月] |

Beliau sudah *berbulan-bulan* tidak pulang.
あの方は既に何か月も家に帰っていない。

| | |
|---|---|
| **berbunga** ブルブンガ | 花をつける；利子がつく [bunga 花] |
| **berbunyi** ブルブニィ | 鳴る、音がする [bunyi 音] |
| **bercakap(-cakap)** ブルチャカブ(チャカブ) | (いろいろ) 話す [cakap] |
| **bercampur** ブルチャンプル | 混ざる、混ざった [campur 混ざった] |
| **bercanda** ブルチャンダ | 冗談を言う [canda☆] |
| **bercerai** ブルチュライ | 離婚する [cerai 離婚] |
| **bercerita** ブルチュリタ | 話をする [cerita 話] |

*bercerita* tentang pengalaman pribadi　自分の経験について話す

| | |
|---|---|
| **bercukur** ブルチュクル | 髭剃りをする、散髪をする [cukur] |

Bapak saya sedang *bercukur*.　父は髭剃りをしているところだ。

| | |
|---|---|
| **berdagang** ブルダガン | 商売する [dagang 商売] |
| **berdarah** ブルダラ | 出血する [darah 血] |
| **berdasarkan** ブルダサルカン | 〜に基づく [dasar 基礎] |

*berdasarkan* peraturan itu　その規定に基づく

| | |
|---|---|
| **berdebar-debar** ブルドゥバルドゥバル | 鼓動が激しい、(緊張や期待で) 胸がドキドキする [debar☆] |
| **berdiri** ブルディリ | 立つ [diri 自己] |
| **berdoa** ブルドア, **mendoa** ムンドア | 祈る [doa 祈り] |
| **berdosa** ブルドサ | 罪を犯す、罪深い [dosa 罪] |
| **berdua** ブルドゥア | 2人で [dua 二] |

Kami *berdua* pergi berbelanja.　私たち2人で買い物に行った。

| | |
|---|---|
| **berdukacita** ブルドゥカチタ | おくやみを言う [dukacita☆] |
| **berenang** ブルナン | 泳ぐ [renang☆] |

| | | |
|---|---|---|
| **berencana** ブルンチャナ | | 〜を予定している [rencana 予定] |

Perusahaan itu *berencana* membuka pabrik baru.
その企業は新工場を開く予定である。

| | |
|---|---|
| **bérés** ベレス | 解決した、済んだ |
| **berfungsi** ブルフンシ | 機能を持つ、機能する [fungsi 機能] |
| **bergabung** ブルガブン | 加わる、一緒になる [gabung] |
| **bergambar** ブルガンバル | 絵の付いた [gambar 絵] |
| kartu *bergambar* | 絵はがき |
| **bergantian** ブルガンティアン | 交替でする [ganti 代わり] |

Para siswa *bergantian* memakai komputer.
生徒たちは交替でコンピューターを使う。

| | |
|---|---|
| **bergaul** ブルガウル | 交際する [gaul] |
| **bergerak** ブルグラッ | 動く [gerak 動き] |
| **berguna** ブルグナ | 有用な、役に立つ [guna 用途] |
| **berhadapan** ブルハダパン | 対面する [hadap] |
| *berhadapan* dengan musuh | 敵と対峙する |
| **berhak** ブルハッ | 権利を持つ [hak 権利] |
| **berharap** ブルハラップ | 期待する、望む [harap 望む] |

Saya *berharap* agar beliau segera membalas.
私はあの方がすぐに返信してくれるよう望む。

| | |
|---|---|
| **berharga** ブルハルガ | 価値のある [harga 価値] |
| **berhasil** ブルハシル | 成功する [hasil 成果] |
| **berhati-hati** ブルハティハティ, **hati-hati** ハティハティ | 用心する、注意する [hati 心] |
| **berhenti** ブルフンティ | 立ち止まる、止まる、やめる [henti] |
| **berhubungan** ブルフブガン | 関係がある [hubung] |
| *berhubungan* dengan 〜 | 〜と関係がある |
| **berhutang** ブルフタン | 借金する、借りがある [hutang 借金] |

| | | |
|---|---|---|
| **beri** ブリ | | [語幹] → memberi(kan), pemberian |
| **berikut** ブリクッ | | 次に続く、次の [ikut ついていく] |
| halaman *berikut* | | 次のページ |
| **beringin** ブリンギン | | ベンジャミン（樹木） |
| **berisi** ブルイシ | | 〜が入っている [isi 中身] |
| Botol ini *berisi* minyak. | | このビンには油が入っている。 |
| **beristirahat** ブルイスティラハッ | | 休憩する [istirahat 休憩] |
| **beristri** ブルイストリ | | 妻帯している [istri 妻] |
| **berita** ブリタ | | ニュース |
| **beritahu** ブリタウ | | [語幹] → memberitahu(kan), pemberitahuan |
| **berjabat tangan** ブルジャバッタガン | | 握手する [jabat] |
| **berjalan** ブルジャラン | | 歩く；(機械などが) 動く [jalan 道] |
| *berjalan* kaki | | 徒歩で行く |
| **berjalan-jalan** ブルジャランジャラン | | 散歩する、あちこち行く [jalan 道] |
| **berjam-jam** ブルジャムジャム | | 何時間も [jam 時計] |
| **berjanji** ブルジャンジ | | 約束する [janji 約束] |
| **berjongkok** ブルジョンコッ | | しゃがむ [jongkok☆] |
| **berjuang** ブルジュアン | | 闘争する [juang] |
| **berjumpa** ブルジュンパ | | 会う [jumpa☆] |
| **berkacamata** ブルカチャマタ | | 眼鏡をかけた [kacamata 眼鏡] |
| **berkaitan** ブルカイタン | | 関連する [kait] |
| **berkali-kali** ブルカリカリ | | 何度も [kali 回数] |
| **berkarat** ブルカラッ | | さびた [karat☆] |
| **berkat** ブルカッ | | 〜のおかげで |
| Murid itu bisa melanjutkan sekolah *berkat* bantuan pamannya. | | その生徒はおじの支援のおかげで学業を続けることができた。 |
| **berkata** ブルカタ | | 言う [kata 言葉] |

Ia *berkata* bahwa dirinya tidak bersalah.

彼は自分は間違ってないと言った。

| | |
|---|---|
| **berkelahi** ブルクラヒ | けんかする［kelahi☆］ |
| **berkeliling** ブルクリリン | （歩き）回る、めぐる［keliling☆］ |
| **berkeluarga** ブルクルアルガ | 所帯を持つ［keluarga 家族］ |
| **berkembang** ブルクンバン | 咲く；発達する［kembang 花］ |
| **berkenalan** ブルクナラン | 知り合いである［kenal 知っている］ |
|   *berkenalan* dengan ~ | ~と知り合いである |
| **berkeringat** ブルクリンガッ | 汗をかく［keringat 汗］ |
| **berkuasa** ブルクアサ | 権力を持った［kuasa 権力］ |
| **berkumis** ブルクミス | 口ひげをたくわえた［kumis 口ひげ］ |
| **berkumpul** ブルクンプル | 集まる［kumpul］ |
| **berkunjung** ブルクンジュン | 訪れる［kunjung］ |
|   *berkunjung* ke kantor itu | その事務所を訪ねる |
| **berkurang** ブルクーラン | 減る［kurang 足りない］ |
| **berladang** ブルラダン | 畑を耕す、畑作をする［ladang 畑］ |
| **berlainan** ブルライナン | 互いに異なる［lain 他の］ |
|   *berlainan* dengan ~ | ~と互いに異なる |
| **berlaku** ブルラクゥ | 有効である［laku 売れる］ |
|   SIM saya masih *berlaku*. | 私の運転免許証はまだ有効だ。 |
| **berlalu** ブルラルゥ | 過ぎる［lalu 過ぎた］ |
|   Waktu cepat *berlalu*. | 時は早く過ぎる。 |
| **berlangsung** ブルランスン | 続く、催される［langsung 直接］ |

Pertunjukan ini akan *berlangsung* selama satu bulan.

この公演は一か月間開催される。

| | |
|---|---|
| **berlanjut** ブルランジュッ | 続く、進行する［lanjut 進んだ］ |

Penurunan harga emas masih *berlanjut*.

金の価格の低下はまだ続いている。

| | | |
|---|---|---|
| **berlari** ブルラリ | | 走る [lari 走る] |
| **berlatih** ブルラティ | | 練習する [latih] |
| **berlawanan** ブルラワナン | | 敵対する、逆の [lawan 敵] |
| *berlawanan* dengan atasan | | 上司と敵対する |
| **berlayar** ブルラヤル | | 航海する [layar 帆] |
| **berlebihan** ブルルビハン | | 過剰な [lebih より〜] |
| **berlibur** ブルリブル | | 休暇をとっている [libur 休暇] |
| **bermacam(-macam)** ブルマチャム（マチャム） | | |
| | | 多種の、いろんな [macam 種類] |
| **bermain** ブルマイン | | 遊ぶ、演じる、プレーする [main] |
| *bermain* gitar | | ギターを弾く |
| *bermain* ténis | | テニスをする |
| **bermaksud** ブルマクスゥド | | 〜の意図をもつ [maksud 意図] |
| **bermalam** ブルマラム | | 泊まる [malam 夜] |
| **bermanfaat** ブルマンファアッ | | 役に立つ [manfaat 利用価値] |
| **bermasalah** ブルマサラ | | 問題がある [masalah 問題] |
| **bermimpi** ブルミンピ | | 夢を見る [mimpi 夢] |
| **bermotor** ブルモトル | | エンジンが付いた [motor エンジン] |
| kendaraan *bermotor* | | エンジン付き車両 |
| **bernama** ブルナマ | | 〜という名の [nama 名前] |
| Laki-laki itu *bernama* Budi. | | その男はブディという名前である。 |
| **bernapas** ブルナパス | | 息をする [napas 息] |
| **berobat** ブルオバッ | | 治療を受ける [obat 薬] |
| **berpacaran** ブルパチャラン | | 交際する、デートする [pacar 恋人] |
| **berpengaruh** ブルプガルゥ | | 影響力をもつ [pengaruh 影響] |
| **berperan** ブルプラン | | 〜の役である、役割を果たす [peran 役割] |
| **berperang** ブルプラン | | 戦争する [perang 戦争] |

| | | |
|---|---|---|
| **berpikir** ブルピキル | 考える [pikir 考える] | |

Saya *berpikir* bahwa masalah itu tidak begitu penting.
　　　　　　　　私は、その問題はそれほど重要でないと考える。

| | |
|---|---|
| **berpisah** ブルピサ | 別れる、離れる [pisah 別れた] |
| **berpotrét** ブルポトレッ | 写真撮影する [potrét 写真] |

Saya *berpotrét* dengan penyanyi terkenal itu.
　　　　　　　　私はその有名な歌手と写真を撮った。

| | |
|---|---|
| **berpuasa** ブルプアサ | 断食する [puasa 断食] |
| **berpuluh-puluh** ブルプルゥプルゥ | 何十も [puluh 〜十] |
| *berpuluh-puluh* tahun | 何十年も |
| **berputar** ブルプタル | 回る、回転する、迂回する [putar] |

Bumi *berputar* ke arah timur.　地球は東に回る。

| | |
|---|---|
| **bersaing** ブルサイン | 競う [saing] |
| **bersalah** ブルサラ | 誤る、有罪の [salah 誤った] |
| **bersama(-sama)** ブルサマ(サマ) | 一緒である、〜と一緒に [sama 同じ] |
| pergi *bersama* ibu | 母と一緒に行く |
| **bersambung** ブルサンブン | 連続する [sambung つながる] |
| cerita *bersambung* | 連載の物語 |
| **bersangkutan** ブルサンクタン | 関係がある、当該の [sangkut] |
| orang yang *bersangkutan* | 関係者、該当者 |
| **bersatu** ブルサトゥ | 団結する [satu 一] |
| **bersaudara** ブルソウダラ | 兄弟がいる、〜人兄弟の [saudara 兄弟] |
| **bersedia** ブルスディア | 用意がある [sedia 用意のある] |

Pihak perusahaan *bersedia* berbicara dengan pihak pekerja.
　　　　　　　　企業側は労働者側と話す用意がある。

| | |
|---|---|
| **bersekolah** ブルスコラ | 就学する [sekolah 学校] |
| **berselingkuh** ブルスリンクゥ | 浮気する [selingkuh☆] |

| | | |
|---|---|---|
| **bersembunyi** ブルスンブニィ | 隠れる [sembunyi☆] | |
| **bersepatu** ブルスパトゥ | 靴を履いた [sepatu 靴] | |
| **bersepéda** ブルスペダ | 自転車に乗る [sepéda 自転車] | |
| **bersiap** ブルシアップ | 準備ができた [siap 用意のある] | |

Polisi sudah *bersiap* di depan kantor bupati.
警察はすでに県庁の前で待機している。

| | |
|---|---|
| **bersifat** ブルシファッ | 〜の性質を持った [sifat 性質] |
| **bersih** ブルシ | 清潔な → kebersihan, membersihkan, pembersihan |
| **bersila** ブルシラ | あぐらをかく [sila☆] |
| **bersimpuh** ブルシンプゥ | 横座りする [simpuh☆] |
| **bertahan** ブルタハン | もつ、持ち堪える [tahan もつ] |

Pemuda itu masih *bertahan* di sana.
その若者はまだそこで持ち堪えている。

| | |
|---|---|
| **bertahap** ブルタハップ | 段階的な [tahap 段階] |
| secara *bertahap* | 段階的に |
| **bertamasya** ブルタマシャ | 観光旅行をする [tamasya☆] |
| **bertambah** ブルタンバ | 増加する；さらに〜 [tambah] |
| **bertanding** ブルタンディン | 試合をする [tanding] |
| **bertani** ブルタニ | 農業をする [tani] |
| **bertanya** ブルタニャ | 質問する [tanya] |
| **bertelur** ブルトゥルール | 産卵する [telur 卵] |
| **berteman** ブルトゥマン | 友達づきあいをする [teman 友人] |
| **bertemu** ブルトゥムゥ | 会う [temu] |
| *bertemu* dengan 〜 | 〜と会う |
| **bertengkar** ブルトゥンカル | 口げんかする [tengkar☆] |
| **bertentangan** ブルトゥンタガン | 対立する [tentang] |
| **berteriak** ブルトゥリアッ | 叫ぶ [teriak☆] |

| | | |
|---|---|---|
| **bertindak** ブルティンダッ | 行動を起こす [tindak 行動] | |
| **bertingkat** ブルティンカッ | ～階建て [tingkat レベル] | |
| *bertingkat* dua | 2階建て | |
| **bertugas** ブルトゥガス | ～の任務・仕事をする [tugas 任務] | |
| **bertumbuh** ブルトゥンブゥ | 成長する、生育する [tumbuh] | |
| **berturut-turut** ブルトゥルットゥルッ | 続々と、次々と [turut 従う] | |
| Meréka pulang *berturut-turut*. | 彼らは次々と帰った。 | |
| **berubah** ブルバ | 変わる [ubah] | |
| **berumur** ブルウムル | ～歳である [umur 年齢] | |
| *berumur* sepuluh tahun | 10歳である | |
| **berunding** ブルンディン | 交渉する、相談する [runding] | |
| **beruntung** ブルウントゥン | 運がいい、得する [untung 運] | |
| **berupa** ブルパ | ～の形・姿をした [rupa 形] | |
| **berupaya** ブルウパヤ | 努力する [upaya 努力] | |
| **berusaha** ブルウサハ | 努力する [usaha 努力] | |
| **berwarna** ブルワルナ | カラーの、～色の [warna 色] | |
| **berwenang** ブルウェナン | 権限を持つ [wenang] | |
| yang *berwenang* | 当局 | |
| **besar** ブサル | 大きい → besar-besaran, kebesaran, membesarkan, memperbesar, terbesar | |
| **besar-besaran** ブサルブサラン | 大規模に、大がかりに [besar 大きい] | |
| Kami merayakan Natal secara *besar-besaran*. | 私たちは大々的にクリスマスを祝った。 | |
| **beserta** ブスルタ | および、伴って [serta 伴って] | |
| Ia kecurian tas *beserta* isinya. | 彼は鞄とその中身を盗まれた。 | |
| **besi** ブシ | 鉄 | |
| **bésok** ベソッ | 明日 | |
| **betah** ブタ | 住み心地が良い、慣れた | |

| | | |
|---|---|---|
| **betapa** ブタパ | | 何と〜か（感嘆） |
| *Betapa* indahnya taman ini! この庭園の何と美しいことか！ | | |
| **beternak** ブトゥルナツ | | 家畜を飼う［ternak 家畜］ |
| **betina** ブティナ | | メス |
| **betis** ブティス | | ふくらはぎ |
| **betul** ブトゥル | | 正しい、本当の、その通り → kebe-tulan, sebetulnya |
| **BH** ベーハー | | ブラジャー |
| **biar** ビアル | | 〜になるように；〜だとしても → membiarkan |
| menambah garam *biar* énak おいしくなるように塩を加える | | |
| *Biar* capai, demi keluarga harus bekerja. 疲れていても家族のために働かなくてはいけない。 | | |
| **biasa** ビアサ | | 普通の、慣れた → biasanya, kebiasaan, terbiasa |
| **biasanya** ビアサニャ | | たいてい、普通は［biasa 普通の］ |
| **biaya** ビアヤ | | 費用 → membiayai |
| **bibi** ビビ | | おば |
| **bibir** ビビル | | 唇 |
| **bicara** ビチャラ | | ［語幹］ → berbicara, membicara-kan, pembicara, pembicaraan |
| **bidan** ビダン | | 助産婦 |
| **bidang** ビダン | | 分野、部門 |
| **bijaksana** ビジャクサナ | | 賢明な → kebijaksanaan |
| **biji** ビジ | | 種（タネ）、粒；〜粒（単位） |
| **bila** ビラ | | 〜する時、〜の場合 |
| **bilang\*** ビラン | | 言う |
| **bimbing** ビンビン | | ［語幹］ → bimbingan, membim- |

| | bing, pembimbing |
|---|---|
| **bimbingan** ビンビガン | 指導 ［bimbing］ |
| **binatang** ビナタン | 動物 |
| **bingung** ビグン | 戸惑う、困惑した |
| **bintang** ビンタン | 星、スター |
| **bintik** ビンティッ | 湿疹 |
| **biola** ビオラ | バイオリン |
| **bioskop** ビオスコップ | 映画館 |
| **bir** ビル | ビール |
| **biro** ビロ | 事務所 |
| **biru** ビルゥ | 青、青い |
| **bis** ビス, **bus** ブス | バス |
| **bisa**[1] ビサ | （蛇などの）毒 |
| **bisa**[2] ビサ | 〜できる、〜し得る |
|    *bisa* menyetir mobil | 車を運転することができる |
| **bisnis** ビスニス | ビジネス |
| **bisul** ビスール | おでき、吹き出物 |
| **bocor** ボチョル | 漏れる |
| **bodoh** ボド | 愚かな、馬鹿な |
| **bohong** ボホン | 嘘、嘘をつく　→ berbohong, membohongi |
| **bola** ボラ | ボール |
|    *bola* baskét | バスケットボール |
|    *bola* voli | バレーボール |
| **boléh** ボレ | 〜してもよい　→ mem（per）boléhkan |
|    *Boléh* saya merokok? | 煙草を吸ってもよろしいですか。 |
| **bolpoin** ボルポイン, **bolpén** ボルペン | ボールペン |

| | | |
|---|---|---|
| **bom** ボム | 爆弾　→ mengebom | |
| **bon** ボン | 伝票、勘定 | |
| **bonéka** ボネカ | 人形 | |
| **bosan** ボサン | 飽きる　→ membosankan | |
| **botak** ボタッ | はげの | |
| **botol** ボトル | ビン | |
| **Brunéi Darussalam** ブルネイ ダルサラム | | |
| | ブルネイ・ダルサラーム | |
| **Bu** ブゥ | 〜さん（女性への敬称）、女性への呼びかけ | |
| 　Selamat siang, *Bu* Tini. | こんにちは、ティニさん。 | |
| **buah** ブア | 果物、実；〜個（単位）　→ ber-buah, buah-buahan | |
| **buah-buahan** ブアブアハン | 果物類［buah 実］ | |
| **buang** ブアン | ［語幹］　→ membuang, pembuangan | |
| 　*buang* air besar | 大便をする | |
| **buat** ブアッ | 〜のために　→ berbuat, buatan, membuat, pembuatan, perbuatan, terbuat | |
| 　*Buat* apa? | 何のため？ | |
| **buatan** ブアタン | 製品、〜製［buat］ | |
| 　*buatan* Cina | 中国製 | |
| **buaya** ブアヤ | ワニ | |
| **bubar** ブバル | 散り散りになる、解散する、逃げる | |
| **bubuk** ブブッ | 粉、粉末 | |
| **bubur** ブブール | おかゆ | |
| **budak** ブダッ | 奴隷 | |
| **budaya** ブダヤ | 文化　→ kebudayaan | |

| | |
|---|---|
| **Budha** ブダ | 仏教 |
| **bugenfil** ブゲンフィル | ブーゲンビリア（kembang kertas とも言う） |
| **bujang** ブジャン, **bujangan** ブジャガン | 独身者 |
| **buka** ブカ | 開いている、開く → keterbukaan, membuka, membukakan, pembukaan, terbuka |
| Toko ini *buka* jam tujuh pagi. | この店は朝 7 時に開く。 |
| **bukan** ブカン | ～ではない（名詞の否定）；～ですよね（付加疑問、短縮形 kan もよく使う） |
| Ini *bukan* punya saya. | これは私のものではない。 |
| *bukan* A tetapi B | A ではなく B である |
| *bukan* main | 並外れた |
| Ini sejenis anggrék, *bukan*? | これは蘭の一種ではないですか？ |
| **bukit** ブキッ | 丘 |
| **bukti** ブクティ | 証拠 → membuktikan, terbukti |
| **buku** ブクゥ | 本 |
| *buku* pelajaran | 教科書 |
| *buku* tulis | ノート |
| **bulan** ブーラン | 月 → berbulan-bulan, bulanan |
| **bulanan** ブラナン | 月ごとの［bulan 月］ |
| majalah *bulanan* | 月刊誌 |
| **bulat** ブラッ | 丸い；（意見などが）一致した |
| **bulu** ブルゥ | 体毛、羽根、羽毛 |
| *bulu* mata | まつげ |
| **bulu tangkis** ブルゥ タンキス | バドミントン（badminton も使われる） |
| **bumbu** ブンブゥ | 調味料 |

| | | |
|---|---|---|
| **bumi** ブミ | 地球、大地 | |
| **bundar** ブンダル | 丸い | |
| **bunga** ブンガ | 花；利子 | → berbunga |
| **bungkus** ブンクス | 包んだ；～包み（単位） | → bungkusan, membungkus |
| nasi *bungkus* | 紙や葉で包んだ弁当 | |
| **bungkusan** ブンクサン | 包み ［bungkus］ | |
| **bungsu** ブンスゥ | 末っ子 | |
| **bunuh** ブヌゥ | ［語幹］ | → membunuh, pembunuhan |
| **bunyi** ブニィ | 音 | → berbunyi |
| **bupati** ブパティ | 県知事 | → kabupatén |
| **bursa** ブルサ | （株式）取引所 | |
| *bursa* saham | 株式取引所 | |
| **buruh** ブルゥ | 労働者、作業員 | |
| **buruk** ブルッ | 悪い、ひどい、醜い | → memburuk |
| **burung** ブルン | 鳥 | |
| **busuk** ブスッ | 腐った | |
| **buta** ブタ | 盲目の | |
| **butir** ブティル | 粒；～粒、～錠（単位） | |
| **butuh** ブトゥ | 必要とする | → kebutuhan, membutuhkan |

## C

| | |
|---|---|
| **cabang** チャバン | 枝；支所、支店 |
| **cabé** チャベ, **cabai** チャバイ | 唐辛子 |
| **cacar air** チャチャル アイル | 水ぼうそう |
| **cacat** チャチャッ | 身体が不自由な |
| **cacing** チャチン | ミミズ |

| | |
|---|---|
| **cahaya** チャハヤ | 光 |
| **cakap** チャカップ | [語幹] → bercakap(-cakap), percakapan |
| **calon** チャロン | 候補 |
| **camat** チャマッ | 郡長　→ kecamatan |
| **campur** チャンプル | 混ざった　→ bercampur, campuran, mencampur(kan) |
| **campuran** チャンプラン | 混ざったもの［campur 混ざった］ |
| **canggih** チャンギ | （技術が）進んだ |
| **cangkir** チャンキル | カップ；〜杯（単位） |
| **cantik** チャンティッ | （女性が）美しい　→ kecantikan |
| **cap** チャプ | スタンプ、判子 |
| **capai**[1] チャパイ / チャペ | 疲れた |
| **capai**[2] チャパイ | [語幹] → mencapai, tercapai |
| **capung** チャプン | トンボ |
| **cara** チャラ | 方法、やり方　→ secara |
| **cat** チャッ | ペンキ、塗料 |
| **catat** チャタッ | [語幹] → catatan, mencatat, tercatat |
| **catatan** チャタタン | メモ［catat］ |
| **cék** チェッ | 小切手；チェック　→ mengecék |
| **celana** チュラナ | ズボン |
| **cemara** チュマラ | モクマオウの類い（樹木） |
| **cemas** チュマス | 不安な |
| **cemburu** チュンブルゥ | 嫉妬する |
| **cenderung** チュンドゥルン | 傾向がある　→ kecenderungan |

Harga pérak *cenderung* meningkat.
　　　　　　　　銀の値段が上がる傾向にある。

| | |
|---|---|
| **cengkéh** チュンケ | 丁字、クローブ（樹木・香辛料） |
| **cepat** チュパッ | はやい、はやく → kecepatan, mempercepat |
| **cerah** チュラ | 晴れた |
| **cerai** チュライ | 離婚する、離婚 → bercerai, perceraian |
| minta *cerai* | 離婚を求める |
| **cerdas** チュルダス | 賢い、聡明な |
| **ceréwét** チュレウェッ | 口うるさい、やかましい |
| **ceria** チュリア | （性格が）明るい |
| **cerita** チュリタ, **ceritera** チュリトラ | 話、物語 → bercerita, menceritakan |
| **cermat** チュルマッ | 注意深い、きちんと |
| memberéskan kamar dengan *cermat* | 注意深く部屋を片付ける |
| **cermin** チュルミン | 鏡 → mencerminkan |
| **céwék*** チェウェッ | 女 |
| **cicak** チチャッ | ヤモリ |
| **cicil** チチル | ［語幹］ → cicilan, mencicil |
| **cicilan** チチラン | ローン［cicil］ |
| **Cina** チナ | 中国 |
| **cincin** チンチン | 指輪 |
| **cinta** チンタ | 愛、恋、好きだ → mencintai |
| cinta pada/kepada/akan/dengan ～ | ～が好きである |
| **ciri** チリ | 特徴 |
| **cita-cita** チタチタ | 理想、夢［cita☆］ |
| **citra** チトラ | イメージ、印象 |
| **coba** チョバ | ～してみて！、～してみる → mencoba, percobaan |
| *Coba* lihat! | 見てみて！ |

| | | |
|---|---|---|
| **cocok** チョチョッ | 合う | |
| **coklat** チョクラッ | 茶色；チョコレート、カカオ | |
| **contoh** チョント | 見本、例 | |
| **copét** チョペッ | スリ → kecopétan, mencopét, pencopét | |
| **cowok\*** チョウォッ | 男 | |
| **cuaca** チュアチャ | 天気 | |
| **cucu** チュチュ | 孫 | |
| **cuka** チュカ | 酢 | |
| **cukup** チュクップ | 十分な | |
| **cukur** チュクール | [語幹] → bercukur, mencukur | |
| **cuma** チュマ | ただ、〜だけ → percuma | |
| **cumi-cumi** チュミチュミ | イカ | |
| **curi** チュリ | [語幹] → kecurian, mencuri, pencuri, pencurian | |
| **curiga** チュリガ | 疑う → mencurigai | |
| Bu Déwi *curiga* pada suaminya. | デウィさんは夫を疑っている。 | |
| **cuti** チュティ | 休暇、休暇の許可 | |
| mengambil *cuti* | 休暇を取る | |

## D

| | |
|---|---|
| **dada** ダダ | 胸 |
| **daérah** ダエラ | 地方、地域 |
| **daftar** ダフタル | リスト、一覧 → mendaftar(kan), pendaftaran |
| **dagang** ダガン | 商売 → berdagang, pedagang, perdagangan |
| **daging** ダギン | 肉 |
| **dagu** ダグゥ | あご |

| | |
|---|---|
| **dahi** ダヒ | ひたい |
| **dahulu** ダフルゥ | 以前　→ mendahului |
| **dalam** ダラム | 深い；中　→ memperdalam, mendalam, pedalaman |
| *dalam* negeri | 国内 |
| **dalang** ダラン | 影絵芝居ワヤンの人形遣い；黒幕 |
| **damai** ダマイ | 平和な　→ perdamaian |
| **dan** ダン | そして、〜と… |
| 〜 *dan* lain-lain | 〜など（略して dll とも書く） |
| **dana** ダナ | 資金 |
| **danau** ダナウ | 湖 |
| **dangdut** ダンドゥッ | ダンドゥット音楽 |
| **dangkal** ダンカル | 浅い |
| **dapat** ダパッ | 〜できる、得る　→ mendapat(kan), pendapat, pendapatan, terdapat |

Kami tidak *dapat* mempercayai pemimpin itu.
　　　　　私たちはその指導者を信用できない。

| | |
|---|---|
| **dapur** ダプール | 台所 |
| **dara** ダラ | ハト |
| **darah** ダラ | 血　→ berdarah |
| **darat** ダラッ | 陸　→ daratan, mendarat |
| **daratan** ダラタン | 大陸 ［darat 陸］ |
| **dari** ダリ | 〜から |
| *Dari* mana? | どこから？ |
| **daripada** ダリパダ | 〜よりも |
| A lebih murah *daripada* B. | A は B よりも安い。 |
| **darurat** ダルラッ | 緊急の、臨時の |
| **dasar** ダサル | 基礎　→ berdasarkan |

| | |
|---|---|
| **dasi** ダシ | ネクタイ |
| **data** ダタ | データ |
| **datang** ダタン | 来る → kedatangan, mendatang, mendatangi, mendatangkan |
| **datar** ダタル | 平らな → dataran |
| **dataran** ダタラン | 平地、平野［datar 平らな］ |
| **daun** ダウン | 葉 |
| **daya** ダヤ | 力、パワー |
| sumber *daya* manusia | 人材 |
| **débat** デバッ | 討論 |
| **debu** ドゥブゥ | ほこり、ちり |
| **dekat** ドゥカッ | 近い → mendekat, mendekati, mendekatkan, pendekatan |
| **demam** ドゥマム | 熱、熱がある |
| **delapan** ドゥラパン | 8 |
| **demam berdarah** ドゥマム ブルダラ | デング熱（感染症の一種） |
| **demi** デミ | 〜のために：〜ずつ |
| satu *demi* satu | 1つずつ |
| **demikian** デミキアン | このように、以上の |
| *Demikian* pendapat saya. | 以上が私の意見です。 |
| **démokrasi** デモクラシ | 民主主義 |
| **démonstrasi** デモンストラシ, **démo** デモ | デモ |
| **denda** ドゥンダ | 罰金 |
| **dendam** ドゥンダム | うらむ、怨念 |
| **dengan** ドゥガン | 〜と、〜と共に：〜を用いて |

Dia pergi menonton film *dengan* pacarnya.
　　　　　彼は恋人と一緒に映画を見に行った。

| | | |
|---|---|---|
| | memotong *dengan* pisau | ナイフで切る |
| **dengar** ドゥガル | | ［語幹］→ kedengaran, memperdengarkan, mendengar, mendengarkan, pendengar, terdengar |
| **depan** ドゥパン | | 前；次の |
| | di *depan* toko buku | 本屋の前で |
| | bulan *depan* | 来月 |
| **départemén** デパルトメン | | 省 |
| **derajat** ドゥラジャッ | | 程度；〜度（単位） |
| **derita** ドゥリタ | | ［語幹］→ menderita, penderita |
| **désa** デサ | | 村　→ pedésaan |
| **Désémber** デセンブル | | 12月 |
| **detik** ドゥティッ | | 秒（単位） |
| **déwan** デワン | | 委員会、議会 |
| **déwasa** デワサ | | おとな；時代 |
| | orang *déwasa* | 成人 |
| | *déwasa* ini | 現代 |
| **di** ディ | | 〜で、〜に |
| | *Di* mana? | どこで？ |
| **dia** ディア | | 彼、彼女 |
| **diabétés** ディアベテス | | 糖尿病 |
| **dialék** ディアレッ | | 方言 |
| **diam** ディアム | | 黙っている；住む　→ pendiam |
| **diaré** ディアレ | | 下痢をする |
| **didik** ディディッ | | ［語幹］→ mendidik, pendidikan |
| **dinas** ディナス | | 公務の；政府機関（〜局、〜庁） |
| | mobil *dinas* | 公用車 |
| **dinding** ディンディン | | 壁 |

| | | |
|---|---|---|
| **dingin** ディギン | 寒い、冷たい → kedinginan | |
| **diréktur** ディレクトゥル | 社長、取締役 | |
| **diri** ディリ | 自己 → berdiri, mendirikan, terdiri | |
| **diséntri** ディセントリ | 赤痢 | |
| **diskusi** ディスクシ | ディスカッション | |
| **doa** ドア | 祈り → berdoa, mendoakan | |
| **dokter** ドクトゥル | 医者 → kedokteran | |
| **doktor** ドクトル | 博士 | |
| **dokumén** ドクメン | 書類、文書 | |
| **dolar** ドラル | ドル（通貨単位） | |
| **domba** ドンバ | ヒツジ | |
| **dompét** ドンペッ | 財布 | |
| **dongéng** ドゲン | 民話 | |
| **dosa** ドサ | 罪 → berdosa | |
| **dosén** ドセン | 大学教員 | |
| **DPR** デーペーエル | 国会（＝Déwan Perwakilan Rakyat） | |
| **dua** ドゥア | 2 → berdua, kedua, kedua(-dua)nya | |
| **duda** ドゥダ | 男やもめ | |
| **duduk** ドゥドゥッ | 座る → kedudukan, menduduki, penduduk, pendudukan | |
| **duga** ドゥガ | ［語幹］ → dugaan, menduga | |
| **dugaan** ドゥガアン | 予測、想像 ［duga］ | |
| **duit*** ドゥイッ | お金 | |
| **dukun** ドゥクン | 伝統的な呪術師、呪医 | |
| **dukung** ドゥクン | ［語幹］ → dukungan, mendukung, pendukung | |
| **dukungan** ドゥクガン | 支持、支援 ［dukung］ | |

041

| | | |
|---|---|---|
| **dulu** ドゥルゥ | | 以前；先に、まず　→ duluan |
| *Dulu* saya suka minum kopi. | | 以前、私はコーヒーをよく飲んでいた。 |
| Makan *dulu*, baru minum obat. | | まず食事をしなさい、それから薬を飲んで。 |
| **duluan** ドゥルアン | | より先に［dulu 先に］ |
| Saya pulang *duluan*. | | 私は先に帰ります。 |
| **dunia** ドゥニア | | 世界 |
| **dupa** ドゥパ | | 線香 |
| **duri** ドゥリ | | とげ |
| **durian** ドゥリアン | | ドリアン |
| **duta** ドゥタ, | | 大使　→ kedutaan besar |
| **duta besar (dubes)** ドゥタ ブサル（ドゥブス） | | |

## E

| | |
|---|---|
| **éfék** エフェッ | 効果 |
| *éfék* samping | 副作用 |
| **éja** エジャ | ［語幹］→ éjaan, mengéja |
| **éjaan** エジャアン | 綴り［éja］ |
| **ékonomi** エコノミ | 経済　→ perékonomian |
| **ékor** エコル | しっぽ；～匹、～頭（単位） |
| **ékspor** エクスポル | 輸出 |
| **elang** ウラン | ワシ、タカ |
| **éléktronik** エレクトロニッ | 電子 |
| **email** イーメイル | 電子メール |
| **emas** ウマス | 金 |
| **émbér** エンベル | バケツ |
| **embun** ウンブン | 露 |
| **empat** ウンパッ | 4　→ perempatan, seperempat |
| **empuk** ウンプッ | 柔らかい |

| | |
|---|---|
| **énak** エナッ | おいしい、気分が良い |
| tidak *énak* badan | 体調が悪い |
| **enam** ウナム | 6 |
| **énérgi** エネルギ | エネルギー |
| **engkau** ウンコウ, **kau** コウ | お前 |
| **entah** ウンタ | 知らない |
| *Entah* mengapa dia tidak datang. | |
| | なぜかわからないが彼は来なかった。 |
| **erat** ウラッ | 緊密な、密接な → mempererat |
| **Éropa** エロパ | ヨーロッパ |
| **erti** ウルティ | ［語幹］ → mengerti, pengertian |
| **és** エス | 氷、冷たい飲み物 |

## F

| | |
|---|---|
| **fakta** ファクタ | 事実 |
| **faktor** ファクトル | 要素 |
| **fakultas** ファクルタス | 学部 |
| **fasilitas** ファシリタス | 施設、設備 |
| **Fébruari** フェブルアリ, **Pébruari** ペブルアリ | 2月 |
| **Filipina** フィリピナ, **Pilipina** ピリピナ | フィリピン |
| **film** フィルム | 映画、フィルム |
| **final** フィナル | 決勝戦 |
| **flu** フルゥ | インフルエンザ |
| **formulir** フォルムリル | 書式 |
| **foto** フォト | 写真 |
| **fotokopi** フォトコピ | コピー |

| | |
|---|---|
| **fungsi** フンシ | 機能　→ berfungsi |

## G

| | |
|---|---|
| **gabah** ガバ | 籾 |
| **gabung** ガブン | ［語幹］　→ bergabung, menggabungkan |
| **gading** ガディン | 象牙 |
| **gadis** ガディス | 少女 |
| **gado-gado** ガドガド | ゆで野菜のピーナッツソース和え |
| **gagah** ガガ | たくましい、堂々とした |
| **gagak** ガガッ | カラス |
| **gagal** ガガル | 失敗する　→ kegagalan |
| **gagasan** ガガサン | 構想［gagas☆］ |
| **gajah** ガジャ | ゾウ |
| **gaji** ガジ | 給料 |
| **galak** ガラッ | どう猛な、威圧した、恐い |
| 　Awas, anjing *galak*. | 猛犬注意。 |
| **gambar** ガンバル | 絵　→ bergambar, gambaran, menggambar, menggambarkan |
| **gambaran** ガンバラン | イメージ、想像、予測［gambar 絵］ |
| **gamelan** ガムラン | ガムラン音楽 |
| **gampang** ガンパン | 易しい |
| **ganda** ガンダ | 〜重の；(スポーツの) ダブルス |
| **gandum** ガンドゥム | 麦 |
| **gang** ガン | 路地、小路 |
| **ganggu** ガングゥ | ［語幹］　→ gangguan, mengganggu |
| **gangguan** ガングアン | 迷惑、妨害［ganggu］ |
| **ganteng** ガントゥン | (男性が) かっこいい |

| | | |
|---|---|---|
| **ganti** ガンティ | 代わり | → bergantian, mengganti, menggantikan, pengganti, penggantian, pergantian |
| **gantung** ガントゥン | [語幹] | → menggantung, tergantung |
| **gara-gara** ガラガラ | 〜のせい [gara☆] | |

Saya ketinggalan pesawat *gara-gara* kemacétan lalu lintas.
私は渋滞のせいで飛行機に乗り遅れた。

| | |
|---|---|
| **garam** ガラム | 塩 |
| **garasi** ガラシィ | ガレージ、車庫 |
| **garis** ガリス | 線　→ penggaris |
| *garis* besar | 大枠 |
| **garpu** ガルプゥ | フォーク |
| **gas** ガス | ガス |
| **gatal** ガタル | かゆい |
| **gaul** ガウル | [語幹]　→ bergaul, pergaulan |
| **gawat** ガワッ | 大変な、危険な |
| **gaya** ガヤ | 様式、スタイル |
| **gedung** グドゥン | 建物 |
| **gejala** グジャラ | 現象、徴候、症状 |
| **gelang** グラン | ブレスレット　→ pergelangan |
| **gelap** グラップ | 暗い |
| **gelar** グラル | 称号、学位 |
| **gelas** グラス | グラス、コップ |
| **gelombang** グロンバン | 波；波長、帯域 |
| **gembira** グンビラ | 嬉しい |
| **gemetar** グムタル | 震える |
| **gempa (bumi)** グンパ (ブミ) | 地震 |
| **gemuk** グムッ | 太っている |

| | |
|---|---|
| **générasi** ゲネラシ | 世代 |
| **genggam** グンガム | 拳 |
| **gerak** グラッ | 動き → bergerak, gerakan |
| **gerakan** グラカン | 運動、動き ［gerak 動き］ |
| *Gerakan* Acéh Merdéka | 独立アチェ運動（=GAM） |
| *gerakan* kaki | 足の動き |
| **gerbang** グルバン | 門 |
| **geréja** グレジャ | 教会 |
| **gergaji** グルガジ | のこぎり |
| **gerhana** グルハナ | 日食、月食 |
| **gerimis** グリミス | 小雨 |
| **giat** ギアッ | 活発な、精力的な → kegiatan |
| **gigi** ギギ | 歯 |
| **gila** ギラ | 気が狂った、いかれた、愚かな |
| **giliran** ギリラン | 順番 ［gilir☆］ |
| **ginjal** ギンジャル | 腎臓 |
| **gitar** ギタル | ギター |
| **gizi** ギジ | 栄養 |
| **golf** ゴルフ | ゴルフ |
| **Golkar** ゴルカル | ゴルカル党（=Golongan Karya） |
| **golong** ゴロン | ［語幹］ → golongan, menggolongkan |
| **golongan** ゴロガン | グループ、階層 ［golong］ |
| **gordén** ゴルデン, **kordén** コルデン | カーテン |
| **goréng** ゴレン | 油で調理した → menggoréng, penggoréngan |
| ikan *goréng* | 揚げた魚 |
| **gotong royong** ゴトン ロヨン | 相互扶助 |
| **gram** グラム | グラム（単位） |

| | |
|---|---|
| **gratis** グラティス | 無料 |
| **gua** グア, **goa** ゴア | 洞くつ |
| **gubernur** グブルヌル | 州知事 |
| **gudang** グダン | 倉庫 |
| **gugur** ググール | 枯れる；流産する |
| musim *gugur* | 秋 |
| **gula** グラ | 砂糖 |
| **gulai** グライ, **gulé** グレ | （ヤギなどの）肉の煮込みスープ |
| **gulat** グラッ | レスリング |
| **guna** グナ | 用途、甲斐、効能；〜のため → berguna, menggunakan, penggunaan |
| Kelapa banyak *gunanya*. | ヤシは用途が多い。 |
| Meréka bekerjasama *guna* melindungi keselamatan masyarakat. | 彼らは民衆の安全を守るために協力した。 |
| **gunting** グンティン | はさみ → menggunting |
| **gunung** グヌン | 山 → pegunungan |
| *gunung* berapi | 火山 |
| **guru** グルゥ | 教師 → perguruan |

## H

| | |
|---|---|
| **habis** ハビス | （使った結果）なくなる → menghabiskan |
| Air minum sudah *habis*. | 飲み水はもうなくなった。 |
| **hadap** ハダップ | [語幹] → berhadapan, menghadapi, terhadap |
| **hadiah** ハディア | 賞、プレゼント |
| **hadir** ハディル | 出席する → kehadiran, menghadiri |

| | |
|---|---|
| *hadir* di rapat | 会議に出席する |
| **haid** ハイッド | 生理、月経 |
| **haji** ハジ | メッカ巡礼者；メッカ巡礼者を指す敬称 |
| naik *haji* | メッカ巡礼する |
| **hak** ハッ | 権利　→ berhak |
| **hakim** ハキム | 裁判官　→ kehakiman |
| **hal** ハル | 事柄、件 |
| **halal** ハラル | （イスラム教において）許された |
| makanan *halal* | イスラムで許された食べ物 |
| **halaman** ハラマン | 庭；ページ |
| **halilintar** ハリリンタル | 雷 |
| **halo** ハロー | もしもし |
| **halte** ハルト | 停留所 |
| **halus** ハルス | 丁寧な、滑らかな、繊細な |
| **hambat** ハンバッ | ［語幹］　→ hambatan, menghambat |
| **hambatan** ハンバタン | 妨げ［hambat］ |
| **hamil** ハミル | 妊娠した |
| **hampir** ハンピル | ほとんど |
| *hampir* semua | ほぼ全て |
| **hancur** ハンチュル | 砕ける、壊れる　→ menghancur(kan) |
| **handuk** ハンドゥッ | タオル |
| **hangat** ハンガッ | 温かい、暖かい |
| **hangus** ハングス | 焦げた |
| **hantu** ハントゥ | お化け |
| **hanya** ハニャ | ほんの〜、ただ〜だけ |
| *hanya* dua buah saja | ほんの 2 個だけ |
| **hapus** ハプス | ［語幹］　→ menghapus(kan), penghapus |

| | | |
|---|---|---|
| **haram** ハラム | | （イスラム教において）禁忌の |
| **harap** ハラップ | | 〜してほしい、望む　→ berharap, harapan, mengharap(kan) |
| *Harap* diam! | | 静かにしてください。 |
| **harapan** ハラパン | | 希望、期待［harap 望む］ |
| **harga** ハルガ | | 値段、価値　→ berharga, menghargai, penghargaan |
| **hari** ハリ | | 日、曜日；〜日　→ harian, sehari-hari |
| *hari* ini | | 今日 |
| *sehari* / satu *hari* | | 1日 |
| *Hari* apa? | | 何曜日？ |
| **hari ulang tahun** ハリウランタウン | | 誕生日、記念日（＝HUT フッ） |
| **harian** ハリアン | | 日刊の［hari 日］ |
| koran *harian* | | 日刊紙 |
| **harimau** ハリマウ | | トラ |
| **harta** ハルタ | | 財産 |
| *harta* benda | | 財産 |
| **harum** ハルム | | 香りのよい |
| **harus** ハルス | | 〜しなければならない　→ seharusnya |
| Kamu *harus* bersikap sopan. | | お前は礼儀正しい態度をとらないといけない。 |
| **hasil** ハシル | | 成果、収穫　→ berhasil, keberhasilan, menghasilkan, penghasilan |
| **hati** ハティ | | 心；レバー　→ berhati-hati, memperhatikan, perhatian |
| **haus** ハウス | | のどが渇いた |
| **hawa** ハワ | | 空気、気候 |
| **hébat** ヘバッ | | すごい |

| | |
|---|---|
| **héktar** ヘクタル | ヘクタール（単位） |
| **helai** ヘライ | 〜枚（単位） |
| **hendak** フンダッ | 〜しようとする、〜するつもりだ |
| Saat *hendak* ditahan, pencuri itu melarikan diri. 拘束されようという時に、その泥棒は逃走した。 | |
| **henti** フンティ | [語幹] → berhenti, menghentikan, perhentian |
| **héran** ヘラン | 驚く |
| **héwan** ヘワン | 家畜、動物 |
| **hias** ヒアス | [語幹] → hiasan, menghias, menghiasi, perhiasan |
| **hiasan** ヒアサン | 飾り [hias] |
| **hiburan** ヒブラン | 娯楽 [hibur☆] |
| **hidung** ヒドゥン | 鼻 |
| **hidup** ヒドゥプ | 生きる；（電気などが）点く → kehidupan, menghidupkan |
| **hijau** ヒジョウ | 緑 |
| **hilang** ヒラン | なくなる、消える → kehilangan, menghilang, menghilangkan |
| **Hindu** ヒンドゥ | ヒンドゥー教 |
| **hingga** ヒンガ | 〜まで（時間） → sehingga |
| *hingga* ésok hari | 明日（翌日）まで |
| **hitam** ヒタム | 黒、黒い |
| **hitung** ヒトゥン | [語幹] → menghitung, perhitungan, terhitung |
| **hiu** ヒウ | サメ |
| **hobi** ホビ | 趣味 |
| **hormat** ホルマッ | 敬意、尊敬、敬う → kehormatan, |

|  |  |
|---|---|
|  | menghormati, terhormat |
| *hormat* pada orang tua | 両親を敬う / 両親への敬意 |
| **hotél** ホテル | ホテル |
| **HP** ハーペー | 携帯電話（=handphone） |
| **hubung** フブン | ［語幹］→ berhubungan, hubungan, menghubungi |
| **hubungan** フブガン | 関係 ［hubung］ |
| **hujan** フジャン | 雨、雨が降る → kehujanan |
| **hukum** フクム | 法 → hukuman, menghukum |
| **hukuman** フクマン | 罰、刑罰 ［hukum 法］ |
| **huruf** フルフ | 文字 |
| **hutan** フタン | 森、林 → kehutanan |
| **hutang** フタン, **utang** ウタン | 借金、借り → berhutang |

# I

| | |
|---|---|
| **ia** イア | 彼、彼女 → ialah |
| **ialah** イアラ | すなわち ［ia 彼、彼女］ |

Indonésia Raya *ialah* lagu kebangsaan Indonésia.
    インドネシアラヤは、すなわちインドネシア国歌である。

| | |
|---|---|
| **ibu** イブゥ | 母；あなた；〜さん（女性への敬称） |
| *ibu* kota | 首都 |
| **idé** イデ | 考え、アイデア |
| **idéntitas** イデンティタス | 身分、身元 |
| **Idul Fitri** イドゥル フィトリ | イスラム教の断食明けの祝日 |
| **ijazah, ijasah** イジャサ | 資格、免状 |
| **ikan** イカン | 魚 → perikanan |
| **ikat** イカッ | 縛るもの、束、房；〜束、〜房（単位）→ mengikat |

| | | |
|---|---|---|
| *ikat* pinggang | | ベルト |
| **iklan** イクラン | | 広告 |
| **iklim** イクリム | | 気候 |
| **ikut** イクッ | | ついていく、参加する　→ berikut, mengikuti |
| *ikut* ujian | | 試験に参加する |
| **ilmiah** イルミア | | 学術的な |
| **ilmu** イルムゥ | | 学問、〜学 |
| **imbang** インバン | | 均衡、同点　→ keseimbangan, seimbang |
| **imigrasi** イミグラシ | | 入国管理（局） |
| **Imlék** イムレッ | | 中国の旧正月 |
| **impor** インポル | | 輸入 |
| **impus** インプス | | 点滴 |
| **inap** イナップ | | ［語幹］　→ menginap, penginapan |
| **indah** インダ | | 美しい　→ keindahan |
| **India** インディア | | インド |
| **induk** インドゥッ | | （動物の）メス親 |
| **industri** インドゥストリ | | 工業、産業 |
| **informasi** インフォルマシ | | 情報 |
| **ingat** インガッ | | 思い出す、覚えている　→ memperingati, memperingatkan, mengingatkan, peringatan, teringat |
| **Inggris** イングリス | | イギリス |
| bahasa *Inggris* | | 英語 |
| **ingin** イギン | | 〜したい　→ keinginan, menginginkan |

Ia *ingin* tahu mengapa peristiwa itu terjadi.

| | |
|---|---|
| | 彼はなぜその事件が起きたのか知りたい。 |
| **ingus** イングス | 鼻水 |
| **ini** イニ | これ |
| **insinyur** インシニュル | 技術者 |
| **intan** インタン | ダイアモンド |
| **internasional** インテルナショナル | 国際的な |
| **internét** インテルネッ | インターネット |
| **inti** インティ | 核、ポイント |
| **invéstasi** インフェスタシ | 投資 |
| **ipar** イパル | 義兄弟 |
| **iri** イリ | ねたむ |
| **isi** イシ | 内容、中身 → berisi, mengisi, mengisikan |
| **Islam** イスラム | イスラム教 |
| **istana** イスタナ | 宮殿 |
| **istilah** イスティラ | 専門用語 |
| **istiméwa** イスティメワ | 特別な |
| **istirahat** イスティラハッ | 休憩 → beristirahat |
| **istri** イストリ | 妻 → beristri |
| **isyarat** イシャラッ | 合図 |
| bahasa *isyarat* | 手話 |
| **itik** イティッ | カモ、アヒル |
| **itu** イトゥ | それ、あれ |
| **izin** イジン | 許可 → mengizinkan |

## J

| | |
|---|---|
| **jabat** ジャバッ | [語幹] → berjabat tangan, jabatan, menjabat, pejabat |

| | | |
|---|---|---|
| **jabatan** ジャバタン | 役職 [jabat] | |
| **jadi** ジャディ | 予定通りになる；だから  → kejadian, menjadi, menjadikan, terjadi | |
| Meréka tidak *jadi* berangkat. | 彼らは出発しないことになった。 | |
| **jadwal** ジャドワル | スケジュール | |
| **jaga** ジャガ | 目が覚めている  → menjaga, penjaga | |
| **jagung** ジャグン | トウモロコシ | |
| **jahat** ジャハッ | 意地悪な、悪人の  → kejahatan, penjahat | |
| **jahé** ジャヘ | ショウガ | |
| **jajah** ジャジャ | [語幹]  → menjajah, penjajahan | |
| **Jakarta** ジャカルタ | ジャカルタ（首都特別州）（=DKI Jakarta=Propinsi Daérah Khusus Ibukota Jakarta） | |
| **jaksa** ジャクサ | 検察官  → kejaksaan | |
| **jalan** ジャラン | 道、通り；方法  → berjalan, berjalan-jalan, menjalankan, perjalanan | |
| **jalan tol** ジャラントル | 高速道路 | |
| **jalur** ジャルール | ルート | |
| **jam** ジャム | 時計；時間；〜時、〜時間  → ber-jam-jam | |
| *jam* tangan | 腕時計 | |
| *jam* satu | 1時 | |
| satu *jam* | 1時間 | |
| **jamin** ジャミン | [語幹]  → jaminan, menjamin | |
| **jaminan** ジャミナン | 保証 [jamin] | |
| **jamu** ジャムゥ | 伝統的な薬効のある健康飲料 | |
| **jamur** ジャムール | きのこ、かび | |

| | | |
|---|---|---|
| **janda** ジャンダ | | やもめ |
| **jangan** ジャガン | | 〜するな、やめて　→ jangan-jangan |
| *Jangan* lupa membawa paspor! | | パスポートを持って行くのを忘れるな！ |
| **jangan-jangan** ジャガンジャガン | | まさか〜でなければよいが、ひょっとしたら [jangan 〜するな] |
| *Jangan-jangan* dia tidak datang. | | ひょっとして彼は来ないのでは。 |
| **jangkrik** ジャンクリッ | | コオロギ |
| **jangkung** ジャンクン | | 背が高い |
| **janji** ジャンジ | | 約束　→ berjanji, menjanjikan, perjanjian |
| **jantan** ジャンタン | | オス |
| **jantung** ジャントゥン | | 心臓 |
| **Januari** ジャヌアリ | | 1月 |
| **jarak** ジャラッ | | 距離 |
| **jarang** ジャラン | | 希少な、めったに〜ない |
| **jari** ジャリ | | 指 |
| **jaring** ジャリン | | 網　→ jaringan |
| **jaringan** ジャリガン | | ネットワーク [jaring 網] |
| **jarum** ジャルム | | 針 |
| **jas** ジャス | | ジャケット、背広（jakét もよく使う） |
| **jasa** ジャサ | | 功績、サービス |
| **jati** ジャティ | | チーク（樹木） |
| **jatuh** ジャトゥ | | 落ちる、転ぶ　→ menjatuhkan |
| **jauh** ジャウ | | 遠い；はるかに〜　→ menjauhi |
| **Jawa** ジャワ | | ジャワ（島・民族・地域・言語名、ジャワ人地域は中部・東部ジャワ） |
| **jawab** ジャワップ | | [語幹]　→ jawaban, menjawab |

| | |
|---|---|
| **jawaban** ジャワバン | 答え [jawab] |
| **jelas** ジュラス | 明らかな → menjelaskan, penjelasan |
| **jelék** ジュレッ | 悪い、醜い、ひどい |
| **jembatan** ジュンバタン | 橋 |
| **jempol** ジュンポル | 親指 |
| **jenazah** ジュナザ | 遺体 |
| **jendéla** ジュンデラ | 窓 |
| **jénderal** ジェンドラル | 将軍、大将；総〜、〜長 |
| **jénggot** ジェンゴッ, **janggut** ジャングッ | あごひげ |
| **jenis** ジュニス | 種類 |
| **Jepang** ジュパン | 日本 |
| **jerawat** ジュラワッ | にきび |
| **Jérman** ジェルマン | ドイツ |
| **jernih** ジュルニ | 澄んだ |
| **jeruk** ジュルッ | ミカン、柑橘類 |
| **jeruk nipis** ジュルッ ニピス | ライム |
| **jika** ジカ | もし〜ならば、〜する場合 |
| **jilbab** ジルバップ | （イスラム女性の）スカーフ |
| **jilid** ジリッ | （書物などの）巻数 |
| **jingga** ジンガ | だいだい色 |
| **jiwa** ジワ | 生命、魂；〜人（単位） |
| **jodoh** ジョド | 運命の相手 |
| **jual** ジュアル | [語幹] → jualan, menjual, penjualan, terjual |
| **jualan** ジュアラン | 売り物 [jual] |
| **juang** ジュアン | [語幹] → berjuang, memperjuangkan, perjuangan |

| | | |
|---|---|---|
| **juara** ジュアラ | 優勝者 → menjuarai | |
| *juara* kedua | 第2位 | |
| **judi** ジュディ | 賭けごと | |
| **judul** ジュドゥル | 題名 | |
| **juga** ジュガ | 〜もまた；まだ、なお | |

Meréka *juga* dipanggil ke kantor imigrasi.
　　　　　　　　　彼らも入国管理局へ呼ばれた。

Ia belum *juga* sembuh padahal sudah lama berobat.
　　　　　　　　　彼はすでに長い間治療をしているのに、まだ治らない。

| | |
|---|---|
| **jujur** ジュジュル | 正直な、誠実な |
| **Juli** ジュリ | 7月 |
| **Jumat** ジュマッ | 金曜 |
| **jumlah** ジュムラ | 合計、数 → sejumlah |
| **Juni** ジュニ | 6月 |
| **jurang** ジュラン | 谷、渓谷 |
| **juri** ジュリ | 審判、審査員 |
| **juru** ジュルゥ | 専門家、エキスパート |
| *juru* bicara | スポークスマン |
| **jurusan** ジュルサン | 学科；(乗り物の) 行き先 [jurus☆] |
| **jus** ジュス | ジュース |
| **juta** ジュタ | 〜百万 |
| satu *juta* / *sejuta* | 100万 |

## K

| | |
|---|---|
| **kabar** カバル | 様子、便り |

Tidak pernah ada *kabar* dari dia.　彼から便りが来たことがない。

| | |
|---|---|
| **kabel** カブル | ケーブル、コード |
| **kabupatén** カブパテン | 県 [bupati 県知事] |

| | |
|---|---|
| **kabur** カブール | かすんだ；逃げる |
| **kabut** カブッ | 霧 |
| **kaca** カチャ | ガラス、鏡 |
| **kacamata** カチャマタ | 眼鏡　→ berkacamata |
| *kacamata* hitam | サングラス |
| **kacang** カチャン | 豆 |
| *kacang* tanah | 落花生 |
| **kacau** カチョウ | 混乱した |
| **kadal** カダル | トカゲ |
| **kadang-kadang** カダンカダン | ときどき［kadang☆］ |
| **kado** カド | プレゼント |
| **kagét** カゲッ | 驚く |
| **kagum** カグム | （賞賛して）驚く |
| **kain** カイン | 布、生地、腰巻 |
| *kain* pél | ぞうきん |
| **kait** カイッ | ［語幹］　→ berkaitan, kaitan, terkait |
| **kaitan** カイタン | 関連、関連性［kait］ |
| **kaji** カジ | ［語幹］　→ kajian, mengaji, mengkaji |
| **kajian** カジアン | 考察、分析［kaji］ |
| **kakak** カカッ | 兄、姉 |
| **kakak tua** カカットゥア | 九官鳥 |
| **kakap** カカップ | 鯛 |
| **kakék** カケッ | 祖父 |
| **kaki** カキ | 足 |
| **kaki lima** カキリマ | 露店商 |
| **kalah** カラ | 負ける　→ kekalahan, mengalahkan |
| **kalangan** カランガン | ～界、集団、階層［kalang☆］ |

| | |
|---|---|
| *kalangan* atas | 上流階級 |
| **kalau** カロウ | もし〜ならば、〜する場合、〜の場合 |
| *Kalau* meréka sudah sampai, tolong hubungi saya. | |
| | もし彼らが着いたら、私に連絡してください。 |
| **kaléng** カレン | 缶 |
| **kali** カリ | 回数；〜回、〜倍　→ berkali-kali, sekalian |
| *sekali* / satu *kali* | 1回 |
| dua *kali* lipat | 2倍 |
| **kalian** カリアン | 君たち |
| **Kalimantan** カリマンタン | カリマンタン（島名） |
| **kalimat** カリマッ | 文 |
| **kalung** カルン | ネックレス |
| **kamar** カマル | 部屋 |
| *kamar* kecil | トイレ |
| *kamar* mandi | バスルーム |
| **kambing** カンビン | ヤギ |
| *kambing* hitam | スケープゴート |
| **kamboja** カンボジア | インドソケイ、プルメリア（植物） |
| **kaméra** カメラ | カメラ |
| **kami** カミ | 私たち（聞き手を含まない） |
| **Kamis** カミス | 木曜 |
| **kampung** カンプン | 田舎　→ kampungan |
| *kampung* halaman | 故郷 |
| **kampungan** カンプガン | 田舎っぽい［kampung 田舎］ |
| **kampus** カンプス | キャンパス |
| **kamu** カムゥ | お前（親しい目下・同等の相手に使う） |
| **kamus** カムス | 辞書 |

| | |
|---|---|
| **kanan** カナン | 右 |
| **kancing** カンチン | ボタン、ホック |
| **kandang** カンダン | 飼育小屋 |
| **kandung** カンドゥン | 子宮、嚢:(子供などが)血のつながった → mengandung |
| **kangen** カゲン | 恋しい、なつかしい |
| **kangkung** カンクン | 空心菜 |
| **kanji** カンジ | タピオカ（キャッサバの澱粉） |
| **kanker** カンクル | 癌 |
| **kantong** カントン, **kantung** カントゥン | ポケット |
| **kantor** カントル | 事務所、役所 → perkantoran |
| **kaos** カオス | 着物（靴下、Tシャツなど） |
| *kaos* kaki | 靴下 |
| baju *kaos* | Tシャツ |
| **kapal** カパル | 船 |
| **kapan** カパン | いつ |
| *Kapan* kamu datang? | お前はいつ来たの？ |
| **kapas** カパス | わた |
| **kapur** カプール | 石灰、チョーク |
| **karang**[1] カラン | ［語幹］ → mengarang, pekarangan, pengarang |
| **karang**[2] カラン | サンゴ、貝 |
| **karcis** カルチス | 切符 |
| **karena** カルナ | 〜なので、なぜならば |
| *Karena* hujan, acara itu dibatalkan. | 雨のため、その予定は中止された。 |
| **karét** カレッ | ゴム |

| | | |
|---|---|---|
| **kartu** カルトゥ | カード | |
| **karya** カルヤ | 作品、仕事　→ karyawan | |
| *karya* sastra | 文学作品 | |
| **karyawan** カルヤワン | 社員、従業員［karya 仕事］ | |
| **kasar** カサル | 下品な、荒い、ざらざらした | |
| **kasih** カシ | 愛情　→ kasihan | |
| **kasihan** カシハン | かわいそうな［kasih 愛情］ | |

*Kasihan*, satpam itu tiba-tiba dipecat.
　　　　かわいそうに、その警備員は突然解雇された。

| | |
|---|---|
| **kasir** カシル | レジ |
| **kasur** カスール | マットレス |
| **kasus** カスス | 事件、事例 |
| **kata** カタ | 言葉、単語　→ berkata, katanya, mengatakan |
| **katak** カタッ | カエル |
| **katanya** カタニャ | ～だそうだ、～らしい［kata 言葉］ |

*Katanya* pejabat itu ditangkap polisi.
　　　　その役人は警察に逮捕されたらしい。

| | |
|---|---|
| **Katolik** カトリッ | カトリック |
| **katulistiwa** カトゥリスティワ | 赤道 |
| **katun** カトゥン | 綿 |
| **kaum** カウム | 階層 |
| *kaum* terpelajar | 知識人階層 |
| **kawan** カワン | 友人 |
| **kawasan** カワサン | 地域 |
| **kawat** カワッ | 針金 |
| **kawin** カウィン | 結婚する　→ perkawinan |
| **kaya** カヤ | 金持ちの、豊かな　→ kekayaan |

| | | |
|---|---|---|
| **kayu** カユゥ | | 木、材木 |
| **kayu manis** カユゥ マニス | | シナモン |
| **KB** カーベー | | 家族計画（産児制限）（=Keluarga Berencana） |
| **ke** ク | | 〜へ、〜に |
| Saya mau *ke* belakang. | | お手洗いに行ってきます。 |
| **keadaan** クアダアン | | 状況 ［ada いる］ |
| **keadilan** クアディラン | | 正義 ［adil 公正な］ |
| **keamanan** クアマナン | | 治安、安全 ［aman 安全な］ |
| **kebahagiaan** クバハギアアン | | 幸福 ［bahagia 幸せな］ |
| **kebaikan** クバイカン | | 親切さ ［baik 良い］ |
| Terima kasih atas *kebaikannya*. | | ご親切に感謝します。 |
| **kebakaran** クバカラン | | 火事、火事に遭う ［bakar］ |
| Tetangga saya *kebakaran* tadi malam. | | 私の隣家が昨晩火事に遭った。 |
| **kebangsaan** クバンサアン | | 民族性 ［bangsa 民族］ |
| **kebanjiran** クバンジラン | | 洪水に見舞われる、洪水 ［banjir 洪水］ |
| **kebanyakan** クバニャカン | | 大部分；多すぎる ［banyak 多い］ |
| **kebarat-baratan** クバラッバラタン | | 西洋かぶれの ［barat 西］ |
| **kebaya** クバヤ | | クバヤ（ジャワ、バリなどの伝統衣装のブラウス） |
| **kebébasan** クベバサン | | 自由 ［bébas 自由な］ |
| **kebenaran** クブナラン | | 真実 ［benar 正しい］ |
| **keberadaan** クブルアダアン | | 存在 ［ada / berada いる］ |
| **keberangkatan** クブランカタン | | 出発 ［angkat / berangkat 出発する］ |
| **keberatan** クブラタン | | 不都合な、負担である ［berat 重い］ |
| Dia *keberatan* menjadi anggota panitia itu. | | 彼はその委員会のメンバーになるのは気が進まない。 |

| | | |
|---|---|---|
| **keberhasilan** クブルハシラン | 成功 [hasil 成果 / berhasil 成功する] |
| **kebersihan** クブルシハン | 清潔さ、衛生 [bersih 清潔な] |
| **kebesaran** クブサラン | 大きさ、大きすぎる [besar 大きい] |
| **kebetulan** クブトゥラン | 偶然 [betul 正しい] |
| **kebiasaan** クビアサアン | 習慣 [biasa 普通の] |
| **kebijakan** クビジャカン | 政策 [bijak ☆] |
| **kebijaksanaan** クビジャクサナアン | 政策 [bijaksana 賢明な] |
| **kebudayaan** クブダヤアン | 文化 [budaya 文化] |
| **kebun** クブン | 畑、〜園 → perkebunan |
| **kebutuhan** クブトゥハン | 必要、需要 [butuh 必要とする] |
| **kecamatan** クチャマタン | 郡 [camat 郡長] |
| **kecantikan** クチャンティカン | 美容、化粧 [cantik 美人の] |
| **kécap** ケチャップ | しょうゆ |
| *kécap* asin | しょうゆ |
| *kécap* manis | インドネシア風の甘いソース |
| **kecelakaan** クチュラカアン | 事故 [celaka ☆] |
| **kecenderungan** クチュンドゥルガン | 傾向 [cenderung 傾向がある] |
| **kecepatan** クチュパタン | 速さ [cepat はやい] |
| **kecéwa** クチェワ | 失望した、心配な |
| **kecil** クチル | 小さい → memperkecil, mengecilkan |
| **kecoa** クチョア | ゴキブリ |
| **kecopétan** クチョペタン | スリに遭う [copét スリ] |
| Saya *kecopétan* dompét. | 私は財布をすられた。 |
| **kecuali** クチュアリ | 〜を除いて |
| Tidak ada yang menéngok pemuda itu *kecuali* ibunya. | その若者を見舞う人は、母親を除いていなかった。 |
| **kecurian** クチュリアン | 盗みに遭う [curi] |

| | | |
|---|---|---|
| **kedaluwarsa** カダルワルサ | 有効使用（賞味）期限 | |
| **kedatangan** クダタガン | 来られる；到着 ［datang 来る］ | |
| Tiba-tiba saya *kedatangan* tamu. | 突然私に来客があった。 | |
| **kedelai** クデレイ | 大豆 | |
| **kedengaran** クドゥガラン | 聞こえる ［dengar］ | |
| **kedinginan** クディギナン | 寒さで凍える、寒さ ［dingin 冷たい］ | |
| **kedokteran** クドクトラン | 医学 ［dokter 医者］ | |
| **kedua** クドゥア | 2番目の、両方とも ［dua 二］ | |
| orang *kedua* | 2番目の人 | |
| *kedua* orang | 2人とも | |
| **kedua(-dua)nya** クドゥア(ドゥア)ニャ | 2人とも、2つとも ［dua 二］ | |
| **kedudukan** クドゥドゥカン | 地位 ［duduk 座る］ | |
| **kedutaan besar** クドゥタアンブサル | 大使館 ［duta 大使］ | |
| **kegagalan** クガガラン | 失敗 ［gagal 失敗する］ | |
| **kegiatan** クギアタン | 活動 ［giat 活発な］ | |
| **kehadiran** クハディラン | 出席 ［hadir 出席する］ | |
| **kehakiman** クハキマン | 司法 ［hakim 裁判官］ | |
| **kehidupan** クヒドゥパン | 生活、人生 ［hidup 生きる］ | |
| **kehilangan** クヒラガン | 失う、失なわれる、喪失 ［hilang なくなる］ | |
| Dia *kehilangan* anaknya. | 彼は子供を失った。 | |
| **kehormatan** クホルマタン | 名誉 ［hormat 敬意］ | |
| **kehujanan** クフジャナン | 雨に降られる ［hujan 雨］ | |
| **kehutanan** クフタナン | 森林関連の、森林問題 ［hutan 森］ | |
| Kementerian *Kehutanan* | 森林省 | |
| **keindahan** クインダハン | 美しさ ［indah 美しい］ | |
| **keinginan** クイギナン | 望み、欲求 ［ingin ～したい］ | |
| **kejadian** クジャディアン | 出来事 ［jadi なる］ | |
| **kejahatan** クジャハタン | 犯罪 ［jahat 悪人の］ | |

| | | |
|---|---|---|
| **kejaksaan** クジャクサアン | | 検察 [jaksa 検察官] |
| **kejam** クジャム | | 残酷な |
| **kéju** ケジュ | | チーズ |
| **kejut** クジュッ | | [語幹] → mengejutkan, terkejut |
| **kekalahan** クカラハン | | 敗北 [kalah 負ける] |
| **kekanak-kanakan** クカナッカナカン | | 子供じみた [kanak☆] |
| **kekayaan** クカヤアン | | 豊かさ、富 [kaya 金持ちの] |
| **kekerasan** ククラサン | | 暴力；強固性 [keras 固い] |
| **kekeringan** ククリガン | | 乾燥 [kering 乾いた] |
| **kekuasaan** ククアサアン | | 権力、支配 [kuasa 権力] |
| **kekuatan** ククアタン | | 力、パワー [kuat 力強い] |
| **kekurangan** ククラガン | | 不足する、不足 [kurang 足りない] |
| Mahasiswa itu *kekurangan* biaya sekolah. | | その大学生は学費が足りない。 |
| **kelahiran** クラヒラン | | 生まれ、出生 [lahir 生まれる] |
| **kelamin** クラミン | | 性 |
| jenis *kelamin* | | 性別 |
| alat *kelamin* | | 性器 |
| **kelapa** クラパ | | ヤシ |
| **kelaparan** クラパラン | | 空腹、飢餓 [lapar 空腹な] |
| **kelas** クラス | | クラス、学年、授業 |
| **kelebihan** クルビハン | | 超過、長所 [lebih より〜] |
| **kelemahan** クルマハン | | 弱さ、弱点 [lemah 弱い] |
| **kelembaban** クルンババン | | 湿度、湿気 [lembab 湿った] |
| **kelihatan** クリハタン | | 見える [lihat] |
| tidak *kelihatan* dari sini | | ここから見えない |
| **kelinci** クリンチ | | ウサギ |
| **keliru** クリルゥ | | 誤った |

| | | |
|---|---|---|
| **kelola** クロラ | ［語幹］ → mengelola, pengelolaan | |
| **kelompok** クロンポッ | グループ、集団 | |
| **keluar** クルアル | 出る、外出する → mengeluarkan, pengeluaran | |
| **keluarga** クルアルガ | 家族、親族　→ berkeluarga | |
| **keluh** クルゥ | ［語幹］ → keluhan, mengeluh | |
| **keluhan** クルハン | 不平［keluh］ | |
| **kelurahan** クルラハン | 村［lurah 村長］ | |
| **kemacétan** クマチェタン | 渋滞、行き詰まり［macét 滞る］ | |
| **kemajuan** クマジュアン | 進歩、進展［maju 進む］ | |
| **kemalaman** クマラマン | 行き暮れる［malam 夜］ | |

Saya *kemalaman* di tengah hutan.　森の中で夜になってしまった。

| | |
|---|---|
| **kemampuan** クマンプアン | 能力［mampu 〜できる］ |
| **kemanusiaan** クマヌシアアン | 人間性［manusia 人間］ |
| **kemarau** クマロウ | 干ばつ、乾燥 |
| 　musim *kemarau* | 乾期 |
| **kemari** クマリ | こちらへ |
| **kemarin** クマリン | 昨日 |
| 　*kemarin* dulu, *kemarin* lusa | 一昨日 |
| **kemasukan** クマスカン | 入られる［masuk 入る］ |
| 　*kemasukan* pencuri | 泥棒に入られる |
| **kematian** クマティアン | 死なれる；死［mati 死ぬ］ |
| 　*kematian* anak | 子供に死なれる／子供の死 |
| **kemauan** クマウアン | 意欲［mau 〜したい］ |
| **kembali** クンバリ | 戻る；再び；おつり → mengembalikan |

Kepala bidang itu diperiksa *kembali*.
　　　　　その部門の責任者は再び調べられた。

| | | |
|---|---|---|
| **kembang** クンバン | 花 | → berkembang, mengembangkan, pengembangan, perkembangan |
| **kembang sepatu** クンバン スパトゥ | ハイビスカス | |
| **kembar** クンバル | 双子の | |
| **keméja** クメジャ | シャツ、ワイシャツ | |
| **kemenangan** クムナガン | 勝利［menang 勝つ］ | |
| **kementerian** クムントリアン | 省［menteri 大臣］ | |
| **kemérah-mérahan** クメラメラハン | 赤みがかった［mérah 赤い］ | |
| **kemerdékaan** クムルデカアン | 独立［merdéka 独立する］ | |
| **kemiri** クミリ | キャンドルナッツ、ククイノキ（香辛料） | |
| **kemiskinan** クミスキナン | 貧困［miskin 貧しい］ | |
| **kemudi** クムディ | （船などの）かじ | → mengemudi, pengemudi |
| **kemudian** クムディアン | その後、それから | |

Kami membeli pisang di pasar, *kemudian* makan siang di warung.　私たちは市場でバナナを買い、それから屋台で昼食をとった。

| | |
|---|---|
| **kemungkinan** クムンキナン | 可能性［mungkin 可能な］ |
| **kena** クナ | かかる、当たる　→ mengenai, mengenakan |
| *kena* air | 水がかかる |
| **kenaikan** クナイカン | 上昇［naik 上がる］ |
| **kenal** クナル | 知っている、知り合いである<br>→ berkenalan, kenalan, memperkenalkan, mengenal, perkenalan, terkenal |

Dia sudah *kenal* dengan saya.　彼はもう私を知っている。

| | |
|---|---|
| **kenalan** クナラン | 知人［kenal 知っている］ |
| **kenangan** クナガン, | 思い出［kenang ☆］ |

067

| | |
|---|---|
| **kenang-kenangan** クナンクナガン | |
| **kenapa** クナパ | なぜ、どうした |
| *Kenapa* dia tidak muncul? | なぜ彼は現れないのか？ |
| **kencang** クンチャン | 風が強い、張りつめた |
| **kencing** クンチン | 小便をする、尿 |
| **kencing manis** クンチン マニス | 糖尿病 |
| **kendala** クンダラ | 障害、妨げ |
| **kendaraan** クンダラアン | 乗り物［kendara☆］ |
| **kental** クンタル | （液体などが）濃い、どろっとした |
| **kentang** クンタン | ジャガイモ |
| **kentut** クントゥッ | おなら |
| **kenyang** クニャン | 満腹な |
| **kenyataan** クニャタアン | 現実［nyata 現実の］ |
| **kepada** クパダ | 〜（人）に、〜へ |
| mengirim surat *kepada* teman | 友人に手紙を送る |
| **kepala** クパラ | 頭；リーダー、長　→ mengepalai |
| *kepala* désa | 村長 |
| **kepanasan** クパナサン | 熱射病にかかる、熱さ［panas 熱い］ |
| **kepastian** クパスティアン | 確実性［pasti 確かな］ |
| **kepemimpinan** クプミンピナン | リーダーシップ［pimpin / pemimpin 指導者］ |
| **kepentingan** クプンティガン | 重要性、利益［penting 重要な］ |
| untuk *kepentingan* masyarakat | 民衆の利益のために |
| **kepercayaan** クプルチャヤアン | 信仰、信頼［percaya 信じる］ |
| **keperluan** クプルルアン | 必要性、用事［perlu 必要な］ |
| **kepiting** クピティン | カニ |
| **kepolisian** クポリシアン | 警察［polisi 警官］ |
| **keponakan** クポナカン | 甥、姪 |

| | | |
|---|---|---|
| **kepulauan** クプロウアン | 群島、諸島 [pulau 島] | |
| **keputusan** クプトゥサン | 決定 [putus 切れた] | |
| **kera** クラ | サル | |
| **keracunan** クラチュナン | 毒にあたる、中毒 [racun 毒] | |
| **kerajaan** クラジャアン | 王国 [raja 王] | |
| **kerajinan** クラジナン | 工芸品 [rajin 勤勉な] | |
| *kerajinan* tangan | 手工芸品 | |
| **keran** クラン | 水道、蛇口 | |
| **kerang** クラン | 貝 | |
| **kerangka** クランカ | 枠組み | |
| **keranjang** クランジャン | かご | |
| **keras** クラス | 固い、強い；懸命に → kekerasan | |
| minuman *keras* | アルコール飲料 | |
| bekerja *keras* | 懸命に働く | |
| **kerbau** クルバウ | 水牛 | |
| **keréta** クレタ | 列車 | |
| *keréta* api | 汽車 | |
| **kering** クリン | 乾いた → kekeringan | |
| **keringat** クリンガッ | 汗 → berkeringat | |
| **keris** クリス | 剣 | |
| **kerja** クルジャ | 仕事、働く → bekerja, mengerjakan, pekerja, pekerjaan | |
| *kerja* lembur | 残業 | |
| **kerjasama** クルジャサマ | 協力 | |
| **keroncong** クロンチョン | クロンチョン音楽 | |
| **kerongkongan** クロンコガン | のど；食道 | |
| **kertas** クルタス | 紙 | |
| **kerudung** クルドゥン | （イスラム女性の）スカーフ | |

| | |
|---|---|
| **kerugian** クルギアン | 損失 [rugi 損] |
| **kerupuk** クルプッ | 揚げせんべい、チップス |
| **kerusakan** クルサカン | 破壊 [rusak 壊れた] |
| **kerusuhan** クルスハン | 暴動 [rusuh☆] |
| **kesadaran** クサダラン | 意識、自覚 [sadar 気づく] |
| **kesalahan** クサラハン | 誤り [salah 誤った] |
| **kesan** クサン | 印象 → terkesan |
| **kesatuan** クサトゥアン | 一体性 [satu 一] |
| **kesebelasan** クスブラサン | イレブン（サッカーチームのメンバー）[belas 十〜 / sebelas☆ 十一] |
| **keséhatan** クセハタン | 健康 [séhat 健康な] |
| **keseimbangan** クスインバガン | 平衡、バランス [imbang 均衡 / seimbang 均衡がとれた] |
| **kesejahteraan** クスジャトラアン | 福祉、福利 [sejahtera 健やかな] |
| **keselamatan** クスラマタン | 安全 [selamat 無事な] |
| **keseléo** クセレオ | ねんざする |
| **keseluruhan** クスルルハン | 全体 [seluruh 全体の] |
| **kesempatan** クスンパタン | 機会 [sempat 〜する機会がある] |
| **kesenian** クスニアン | 芸術 [seni 芸術] |
| **kesepakatan** クスパカタン | 合意 [sepakat 合意した] |
| **kesepian** クスピアン | さみしく思う、静けさ [sepi 静かな] |

Saya sangat *kesepian* karena ditinggal pacar.
私は恋人に去られたのでとてもさみしい。

| | |
|---|---|
| **kesiangan** クシアガン | 寝過ごす [siang 昼] |
| **kesimpulan** クシンプラン | 結論 [simpul☆] |
| **kesulitan** クスリタン | 困難、苦境 [sulit 難しい] |
| **ketahuan** クタウアン | 知られる [tahu 知る] |
| **ketakutan** クタクタン | 恐怖に苛まれる、恐怖 [takut 怖い] |

| | |
|---|---|
| **ketan** クタン | 餅 |
| **ketat** クタッ | （人が）厳しい、厳格な；（服などが）きつい |
| **ketemu*** クトゥムゥ | 会う；見い出される［temu］ |
| **ketentuan** クトゥントゥアン | 規定、条項［tentu 定まった］ |
| **keterangan** クトゥラガン | 解説［terang 明るい］ |
| **keterbukaan** クトゥルブカアン | 開放性［buka 開いている / terbuka 開けられた］ |
| **ketertiban** クトゥルティバン | 秩序［tertib 秩序正しい］ |
| **ketidakadilan** クティダアディラン | 不公正、不公平［adil 公正な / tidak adil 公正でない］ |
| **ketika** クティカ | 〜の時、〜する時 |
| *Ketika* saya berumur 6 tahun, Perang Dunia Kedua berakhir. 私が6歳の時、第二次世界大戦が終わった。 | |
| **ketimun** クティムン, **mentimun** ムンティムン | キュウリ |
| **ketinggalan** クティンガラン | とり残される、置き忘れる［tinggal 残る］ |
| *ketinggalan* zaman | 時代に遅れる |
| **ketombé** クトンベ | フケ |
| **ketua** クトゥア | 代表、議長、委員長［tua 年老いた］ |
| **ketupat** クトゥパッ | ちまき（ヤシの若葉で編まれている） |
| **keturunan** クトゥルナン | 子孫［turun 下がる］ |
| **keuangan** クウアガン | 金融、財政［uang お金］ |
| **keuntungan** クウントゥガン | 利益、幸運［untung 利益］ |
| **kewajiban** クワジバン | 義務［wajib 義務の］ |
| **keyakinan** クヤキナン | 自信、確信［yakin 確信する］ |
| **khas** ハス | 独特の、特有の |
| makanan *khas* Betawi | ブタウィ独特の食べ物 |

| | | |
|---|---|---|
| **khawatir** ハワティル | 心配な → mengkhawatirkan | |
| *khawatir* akan/dengan masa depan | 将来を心配する | |
| **khusus** クスス | 特別な → khususnya | |
| **khususnya** クススニャ | 特に［khusus 特別な］ | |
| **kijang** キジャン | シカ | |
| **kilat** キラッ | 稲妻；速達 | |
| **kilo** キロ | キロ（単位） | |
| **kimia** キミア | 化学 | |
| **kini** キニ | 今や、現在 | |
| *Kini* kata itu sudah tidak dipakai lagi. | 今やその単語はもう使われない。 | |
| **kios** キオス | 売店 | |
| **kipas** キパス | 扇子 | |
| *kipas* angin | 扇風機 | |
| **kira** キラ | 〜と思う → kira-kira, memperkirakan, mengira, perkiraan | |
| **kira-kira** キラキラ | およそ［kira 思う］ | |
| **kiri** キリ | 左 | |
| **kirim** キリム | ［語幹］ → kiriman, mengirim(kan), pengiriman | |
| **kiriman** キリマン | 送付物、贈り物［kirim］ | |
| **kita** キタ | 私たち（聞き手を含む） | |
| **kiyai** キャイ | イスラム教指導者 | |
| **KKN** カーカーエヌ | 汚職・癒着・縁故主義（を総称した言い方）（＝Korupsi, Kolusi, Népotisme） | |
| **kol** コル | キャベツ | |
| **kolak** コラッ | ココナッツミルクのデザート | |

| | |
|---|---|
| **kolam** コラム | 池 |
| *kolam* renang | プール |
| **koma** コマ | コンマ（,） |
| **komisi** コミシ | 委員会；仲介手数料 |
| **kompor** コンポル | コンロ |
| **komputer** コンプゥテル | コンピュータ |
| **komunikasi** コムニカシ | コミュニケーション |
| **kondisi** コンディシ | 状態 |
| **Kong Hu Cu** コンフゥチュ, **Konghucu** コンフゥチュ | 孔子教、儒教 |
| **konon** コノン | 〜だそうだ、〜らしい |
| *Konon* tanah ini milik désa. | この土地は村の所有だそうだ。 |
| **konsép** コンセップ | コンセプト、概念 |
| **konsér** コンセル | コンサート |
| **konsul** コンスル | 領事 |
| **konsulat** コンスラッ | 領事館 |
| **konsumén** コンスメン | 消費者 |
| **konsumsi** コンスムシ | 消費 |
| **kontak** コンタッ | 接触、連絡 |
| **kontan** コンタン | 現金、現金払いの |
| **kontrak** コントラッ | 契約 |
| **kopi** コピ | コーヒー |
| **koper** コプル | スーツケース |
| **koran** コラン | 新聞 |
| **korban** コルバン | 犠牲（者）；供犠　→ mengorbankan |
| **Koréa** コレア | 韓国、朝鮮 |
| *Koréa* Selatan | 韓国（=Korsél） |
| *Koréa* Utara | 北朝鮮（=Korut） |

| | |
|---|---|
| **korék (api)** コレッ (アピ) | マッチ |
| **korupsi** コルプシ | 汚職 |
| **kos** コス | 下宿 |
| **kosmétik** コスメティッ | 化粧品、化粧の |
| **kosong** コソン | 空いた、空っぽ；ゼロ |
| **kota** コタ | 町　→ perkotaan |
| **kotak** コタッ | 小箱 |
| **kotamadya** コタマディヤ | 市 |
| **kotor** コトル | 汚い　→ kotoran |
| **kotoran** コトラン | 汚れたもの、糞便［kotor 汚い］ |
| **krédit** クレディッ | 授業単位；クレジット |
| **krisis** クリシス | 危機 |
| **Kristen** クリステン | キリスト教、プロテスタント |
| **kritik** クリティッ | 批判 |
| **KTP** カーテーペー | 身分証明書（=Kartu Tanda Penduduk） |
| **KTT** カーテーテー | サミット（=Konférénsi Tingkat Tinggi） |
| **kuah** クア | 汁、スープ |
| **kualitas** クアリタス | 質、品質 |
| **kuasa** クアサ | 権力、権限　→ berkuasa, kekuasaan, menguasai, penguasaan |
| **kuat** クアッ | 力強い、丈夫な　→ kekuatan, memperkuat |
| **kuburan** クブラン | 墓、墓地［kubur☆］ |
| **kucing** クチン | 猫 |
| **kuda** クダ | ウマ |
| **kué** クエ | 菓子、ケーキ |
| **kuil** クイル | 寺 |

| | |
|---|---|
| **kuku** ククゥ | 爪 |
| **kuliah** クリア | 講義、大学の授業 |
| **kulit** クリッ | 皮、皮膚、肌 |
| **kulkas** クルカス | 冷蔵庫 |
| **kumis** クミス | 口ひげ → berkumis |
| **kumpul** クンプル | [語幹] → berkumpul, mengumpulkan |
| **kunci** クンチ | 鍵 → mengunci |
| **kuning** クニン | 黄色 → menguning |
| **kunjung** クンジュン | [語幹] → berkunjung, kunjungan, mengunjungi |
| **kunjungan** クンジュガン | 訪問 [kunjung] |
| **kuno** クノ | 古代の |
| **kunyit** クニッ | ウコン |
| **kupu-kupu** クプックプゥ | 蝶、蛾 |
| **kura-kura** クラクラ | カメ |
| **kurang** クーラン | 足りない；あまり～でない → berkurang, kekurangan, mengurangi |
| *kurang* tidur | 寝不足だ |
| *kurang* énak | あまりおいしくない |
| *kurang* lebih | およそ |
| **kurs** クルス | 為替レート |
| **kursi** クルシ | 椅子 |
| **kursus** クルスス | 習い事、教室、塾（lés もよく使う） |
| **kurus** クルス | やせている |
| **kutu** クトゥ | シラミ、ノミ |
| **kwitansi** クウィタンシ, **kuitansi** クイタンシ | 領収書 |

# L

| | |
|---|---|
| **laba(h)-laba(h)** ラバラバ | クモ |
| **labu** ラブゥ | カボチャ、ウリ |
| **laci** ラチ | 引き出し |
| **lada** ラダ | コショウ |
| **ladang** ラダン | 畑　→ berladang |
| **lafal** ラファル | 発音 |
| **lagi** ラギ | 再び、さらに |
| Tolong katakan sekali *lagi*. | もう一回言ってください。 |
| **lagu** ラグゥ | 曲、歌、歌の抑揚 |
| **lahan** ラハン | 土地 |
| **lahir** ラヒル | 生まれる　→ kelahiran, melahirkan |
| **lain** ライン | 他の　→ berlainan, melainkan, selain |
| orang *lain* | 他の人 |
| *lain* kali | 今度 |
| **laki-laki** ラキラキ | 男　[laki☆] |
| **laksana** ラクサナ | [語幹]　→ melaksanakan, pelaksanaan |
| **laku** ラクゥ | 売れる　→ berlaku, melakukan |
| Produk ini *laku* sekali. | この商品はとても売れる。 |
| **lalat** ララッ | ハエ |
| **lalu** ラルゥ | 過ぎた：それから　→ berlalu, melalui, terlalu |
| bulan yang *lalu* / bulan *lalu* | 先月 |
| *lalu* lintas | 交通 |
| Saya bangun jam tujuh, *lalu* membaca koran. | |
| | 私は7時に起き、それから新聞を読む。 |
| **lama** ラマ | (時が) 長い、古い　→ selama, |

| | | |
|---|---|---|
| | | selama(-lama)nya |
| **lamar** ラマル | [語幹] → lamaran, melamar | |
| **lamaran** ラマラン | 応募、求婚 [lamar] | |
| **lambang** ランバン | 象徴、マーク | |
| **lambat** ランバッ | 遅い → terlambat | |
| **lambung** ランブン | 胃 | |
| **lampau** ランパウ | 過去の → melampaui | |
| masa *lampau* | 過去 | |
| **lampu** ランプゥ | 灯り、ライト | |
| **lancar** ランチャル | 順調な | |
| **langganan** ランガナン | 顧客、お得意さん [langgan☆] | |
| **langit** ランギッ | 空、天 → langit-langit | |
| **langit-langit** ランギッランギッ | 天井；口蓋 [langit 空] | |
| **langka** ランカ | めずらしい、希少な | |
| **langkah** ランカ | 歩み、ステップ；方策 | |
| **langsing** ランシン | すらりとした | |
| **langsung** ランスン | 直接、すぐさま → berlangsung | |
| siaran *langsung* | 生中継 | |
| Setelah makan, dia *langsung* pergi. | 食事の後すぐに、彼は出て行った。 | |
| **lanjut** ランジュッ | 進んだ、続く → berlanjut, melanjutkan, selanjutnya | |
| *lanjut* usia | 高齢の (=lansia) | |
| **lantai** ランタイ | 床、階 | |
| **lantas** ランタス | それから、すぐさま | |
| **lap** ラップ | ふきん、ナプキン | |
| **lapangan** ラパガン | 広場、フィールド、競技場 [lapang☆] | |
| *lapangan* terbang | 飛行場 | |

| | | |
|---|---|---|
| **lapar** ラパル | 空腹な　→ kelaparan | |
| **lapis** ラピス | 層　→ lapisan | |
| **lapisan** ラピサン | 層、階層［lapis 層］ | |
| 　*lapisan* bawah | 下層 | |
| **lapor** ラポル | ［語幹］→ laporan, melapor, melaporkan | |
| **laporan** ラポラン | 報告（書）［lapor］ | |
| **lari** ラリ | 走る、逃げる　→ berlari, melarikan, pelari | |
| **latar (belakang)** ラタル（ブラカン） | 背景 | |
| **latih** ラティ | ［語幹］→ berlatih, latihan, melatih, pelatih | |
| **latihan** ラティハン | 練習、訓練［latih］ | |
| **lauk** ラウッ | おかず　→ lauk-pauk | |
| **lauk-pauk** ラウッパウッ | おかず類［lauk おかず］ | |
| **laut** ラウッ | 海　→ lautan | |
| **lautan** ラウタン | 海洋、大海［laut 海］ | |
| **lawan** ラワン | 敵、相手、逆　→ berlawanan, melawan | |
| 　*lawan* bicara | 話し相手 | |
| 　*lawan* kata | 反義語 | |
| **layan** ラヤン | ［語幹］→ melayani, pelayan, pelayanan | |
| **layang-layang** ラヤンラヤン | 凧［layang☆］ | |
| **layar** ラヤル | 帆、スクリーン　→ berlayar | |
| **lebah** ルバ | 蜂 | |
| **lébar** レバル | 幅広い | |
| **Lebaran** ルバラン | イスラム教の断食明けの大祭 | |

| | | |
|---|---|---|
| **lebat** ルバッ | （雨が）激しい；（実や髪が）密な | |
| **lebih** ルビ | より〜　→ berlebihan, kelebihan, melebihi | |

Petinju itu *lebih* péndék daripada lawannya.
そのボクサーは敵よりも背が低い。

| | |
|---|---|
| **ledak** ルダッ | [語幹]　→ ledakan, meledak |
| **ledakan** ルダカン | 爆発　[ledak] |
| **léhér** レヘル | 首 |
| **lelah** ルラ | 疲れる |
| **lélé** レレ | ナマズ |
| **lém** レム | 糊 |
| **lemah** ルマ | 弱い　→ kelemahan |
| **lemak** ルマッ | 脂肪 |
| **lemari** ルマリ | 棚 |
| *lemari* és | 冷蔵庫 |
| **lemas** ルマス | だるい、力が入らない |
| **lembab** ルンバップ | 湿った　→ kelembaban |
| **lembaga** ルンバガ | 機関、組織 |
| **lembah** ルンバ | 谷、流域 |
| **lembar** ルンバル | 〜枚（単位） |
| **lembut** ルンブッ | 柔らかい、穏和な |
| **lémpar** レンパル | [語幹]　→ melémpar, melémpari |
| **lengan** ルガン | 腕 |
| **lengkap** ルンカップ | 完全な、備わった　→ melengkapi, perlengkapan |
| **lepas** ルパス | 外れる、離れる、逃げる　→ melepaskan, terlepas |
| **letak** ルタッ | 位置　→ terletak |

| | | |
|---|---|---|
| **léwat** レワッ | 過ぎる、通る；〜を通じて | → meléwati |

jam satu *léwat* lima menit　1時5分

Kami berteman *léwat* kegiatan sukaréla.
私たちはボランティア活動を通して知り合った。

| | |
|---|---|
| **liar** リアル | 野生の；許可を受けてない |
| **libat** リバッ | ［語幹］→ melibatkan, terlibat |
| **libur** リブール | 休暇、休暇の　→ berlibur, liburan |
| hari *libur* | 休日 |
| **liburan** リブラン | 休暇［libur 休暇］ |
| **licin** リチン | すべる、すべすべした、つるつるした |
| **lidah** リダ | 舌 |
| **lihat** リハッ | ［語幹］→ kelihatan, melihat, memperlihatkan, terlihat |
| **lilin** リリン | ろうそく |
| **lima** リマ | 5 |
| **lindung** リンドゥン | ［語幹］→ melindungi, perlindungan |
| **lingkaran** リンカラン | 輪、サイクル［lingkar☆］ |
| **lingkungan** リンクガン | 環境［lingkung☆］ |
| **lintah** リンタ | ヒル（蛭） |
| **lipat** リパッ | 〜重、〜倍　→ melipat |
| dua kali *lipat* | 2倍 |
| **lipstik** リプスティッ | 口紅 |
| **listrik** リストリッ | 電気 |
| **liter** リトル | リットル（単位） |
| **lobak** ロバッ | 大根 |
| **logam** ロガム | 金属 |
| **logat** ロガッ | なまり、方言 |

| | |
|---|---|
| **lokal** ロカル | 地方の、地元の |
| **lokasi** ロカシ | 位置 |
| **lomba** ロンバ | 競争、競技、大会 |
| **longgar** ロンガル | ゆるい、ぶかぶかな |
| **longsor** ロンソル | 地滑りの、土砂が崩れた |
| **lontong** ロントン | ちまき（バナナの葉で包んである） |
| **losmén** ロスメン | 安宿、民宿 |
| **lowongan** ロウォガン | 求人 [lowong☆] |
| **LSM** エルエスエム | NGO（=Lembaga Swadaya Masyarakat） |
| **luar** ルアル | 外 |
| *luar* negeri | 海外 |
| *luar* biasa | 並外れた |
| **luas** ルアス | 広い → meluas, memperluas, perluasan |
| **lubang** ルバン, **lobang** ロバン | 穴 |
| **lucu** ルチュ | おもしろい、かわいい |
| Anak itu sangat *lucu*. | その子供は大変おもしろい。 |
| **ludah** ルダ | 唾、唾液 |
| **luka** ルカ | 傷、ケガ → melukai, terluka |
| **lukis** ルキス | [語幹] → lukisan, melukis, pelukis |
| **lukisan** ルキサン | 絵画 [lukis] |
| **lulus** ルルス | すり抜ける、合格する、卒業する → lulusan |
| **lulusan** ルルサン | 卒業生、合格者 [lulus 合格する] |
| **lumayan** ルマヤン | まあまあの |
| **lumpur** ルンプル | 泥 |
| **lupa** ルパ | 忘れる → melupakan, terlupa |

| | |
|---|---|
| *lupa* akan ~ | ~を忘れる |
| **lurah** ルラ | 村長　→ kelurahan |
| **lurus** ルルス | まっすぐな |
| **lusa** ルサ | 明後日 |
| **lutut** ルトゥッ | ひざ |

## M

| | |
|---|---|
| **maaf** マアフ | 許し：ごめんなさい　→ memaafkan |

Saya minta *maaf*. / Saya mohon *maaf*.　ごめんなさい。

| | |
|---|---|
| **mabuk** マブッ | 酔う |
| **macam** マチャム | 種類　→ bermacam(-macam), semacam |
| **macét** マチェッ | 滞る、混雑した　→ kemacétan |
| **madu** マドゥ | ハチミツ |
| **magrib** マグリブ | 夕暮れ、日没 |
| **mahal** マハル | 高価な、値段が高い |
| **mahasiswa** マハシスワ | 大学生 |
| **main** マイン | ［語幹］　→ bermain, mainan, memainkan, mempermainkan, pemain, permainan |
| **mainan** マイナン | おもちゃ、遊具［main］ |
| **majalah** マジャラ | 雑誌 |
| **majelis** マジュリス | 会議、議会 |
| **maju** マジュ | 進む　→ kemajuan |
| **maka** マカ | だから、したがって |

Karena anggaran tahun ini cukup besar, *maka* kami membeli alat baru.　今年の予算は十分あるので、新しい機器を買った。

| | |
|---|---|
| **makan** マカン | 食べる　→ makanan, termakan |

Jamur itu tidak bisa *dimakan*.　そのきのこは食べられない。

| | |
|---|---|
| **makanan** マカナン | 食べ物 [makan 食べる] |
| **makin** マキン, **semakin** スマキン | ますます |

Makin lama *makin* buruk keadaannya.
　　　　　時が経つにつれ状況がますます悪くなる。

| | |
|---|---|
| **makmur** マクムル | 繁栄する、豊かな |
| **makna** マクナ | 意味 |
| **maksud** マクスゥド | 意図　→ bermaksud, memaksudkan |
| **mal** モル | ショッピングモール |
| **malah** マラ | それどころか、逆に |

Dia *malah* tenggelam, padahal bermaksud menyelamatkan pacarnya.　彼は恋人を助けるつもりだったのに、それどころか溺れた。

| | |
|---|---|
| **malam** マラム | 夜　→ bermalam, kemalaman, semalam |
| **malang** マラン | 不幸な |
| **malas** マラス | 怠けた、面倒くさい　→ pemalas |
| **Malaysia** マレイシア | マレーシア |
| **maling** マリン | 泥棒 |
| **malu** マルゥ | 恥ずかしい　→ pemalu |
| **mampir** マンピル | 立ち寄る |
| **mampu** マンプゥ | ～できる；裕福な　→ kemampuan |
| **mana** マナ | どこ、どれ |

Yang *mana* lebih énak?　どちらがよりおいしいか?

| | |
|---|---|
| **manajemén** マネジメン | 経営 |
| **mandi** マンディ | 水浴びする |
| **mandiri** マンディリ | 自立する |
| **manfaat** マンファアッ | 利用価値、得　→ bermanfaat, memanfaatkan |

| | |
|---|---|
| **mangga** マンガ | マンゴー |
| **manggis** マンギス | マンゴスチン |
| **mangkok** マンコッ | お椀、茶碗 |
| **manis** マニス | 甘い → manisan |
| **manisan** マニサン | 飴［manis 甘い］ |
| **manja** マンジャ | 甘やかされた、甘える |
| **mantan** マンタン | 元の |
|   *mantan* présiden | 元大統領 |
| **manusia** マヌシア | 人間 → kemanusiaan |
| **marah** マラ | 怒った → memarahi |
| **Maret** マレッ | 3月 |
| **mari** マリ | さあ、〜しましょう；では（別れの時） |
|   *Mari* kita pergi. | 行きましょう。 |
| **Mas** マス | お兄さん、〜さん（男性の敬称） |
| **masa** マサ | 時代、時期 |
|   *masa* depan | 将来 |
|   *masa* lalu | 過去 |
| **masa** マサ, **masak**[1] マサッ | まさか |
| **masak**[2] マサッ | 熟した、火が通った → masakan, memasak |
| **masakan** マサカン | 料理［masak 熟した］ |
| **masalah** マサラ | 問題 → bermasalah, me(mper)-masalahkan, permasalahan |
| **maséhi** マセヒ | 西暦 |
| **masih** マシ | まだ〜している |
|   Kamar itu *masih* diséwakan. | その部屋はまだ貸している。 |
| **masing-masing** マシンマシン | それぞれ |
| **masuk** マスッ | 入る、（会社・学校に）行く |

| | → kemasukan, memasuki, memasukkan, termasuk |
|---|---|
| *masuk* ke kamar | 部屋に入る |
| *masuk* angin | 風邪を引く |
| **masyarakat** マシャラカツ | 社会、民衆 |
| **mata** マタ | 目；単位　→ mata-mata |
| *mata* uang | 通貨 |
| **mata-mata** マタマタ | スパイ［mata 目］ |
| **matahari** マタハリ | 太陽 |
| **matang** マタン | 熟した、火が通った |
| **matématika** マテマティカ | 数学 |
| **matéri** マテリ | 素材、材料 |
| **mati** マティ | 死ぬ、（火などが）消える　→ kematian, mematikan |
| **mau** マウ | 〜したい、〜するつもりだ　→ kemauan |
| Saya *mau* menjadi pemain sépak bola. | 私はサッカー選手になりたい。 |
| *Mau* ke mana? | どこに行くの？ |
| **maupun** マウプン | （〜だけでなく）〜も |
| baik A *maupun* B | AもBも |
| **mawar** マワル | バラ |
| **Mbak** ンバッ | お姉さん、〜さん（女性の敬称） |
| **média massa** メディア マサ | マスメディア |
| **Méi** メイ | 5月 |
| **méja** メジャ | 机、テーブル |
| **mekar** ムカル | 咲く |
| **melahirkan** ムラヒルカン | 生む［lahir 生まれる］ |
| **melainkan** ムラインカン | （〜ではなく）〜である［lain 他の］ |

| | |
|---|---|
| bukan A *melainkan* B | AではなくBである |
| **melaksanakan** ムラクサナカン | 実施する [laksana] |
| Lomba pidato bahasa Jepang *dilaksanakan* setiap tahun. | 日本語のスピーチコンテストは毎年実施される。 |
| **melakukan** ムラクカン | 行う [laku 売れる] |
| Para murid *melakukan* pembersihan sampah di pantai. | 生徒たちは海岸でゴミ清掃を行った。 |
| **melalui** ムラルイ | 通る；〜を通して [lalu 過ぎた] |
| *melalui* jalan raya | 大通りを通る |
| **melamar** ムラマル | 応募する、求婚する [lamar] |
| **melampaui** ムランポゥイ | 超える、過ぎる [lampau] |
| *melampaui* batas | 限度を超える |
| **melampirkan** ムランピルカン | 同封する、添付する [lampir☆] |
| **melanda** ムランダ | 襲う [landa☆] |
| *dilanda* badai | 嵐に襲われる |
| **melanggar** ムランガル | 違反する [langgar☆] |
| **melanjutkan** ムランジュトカン | 続ける [lanjut 進んだ] |
| *melanjutkan* studi | 学業を続ける |
| **melapor** ムラポル | 報告する、知らせる [lapor] |
| *melapor* ke Kedutaan Besar | 大使館に報告する |
| **melaporkan** ムラポルカン | 〜について報告する、知らせる |
| Kemajuan proyék *dilaporkan* kepada Pak Asép. | プロジェクトの進捗がアセップ氏に報告された。 |
| **melarang** ムララン | 禁じる [larang☆] |
| **melarikan** ムラリカン | 連れ去る、逃げる [lari 走る] |
| *melarikan* diri | 逃走する |
| **melati** ムラティ | ジャスミン |
| **melatih** ムラティ | 鍛える、けいこをつける [latih] |

| | |
|---|---|
| *melatih* murid | 生徒にけいこをつける |
| **melawan** ムラワン | 抵抗する、敵対する [lawan 敵] |
| **melayani** ムラヤニ | サービスする、応対する [layan] |
| **Melayu** ムラユウ | マレー（地域・民族・言語名） |
| **melebihi** ムルビヒ | 越える、上まわる [lebih より〜] |
| *melebihi* batas kemampuan | 能力の限界を超える |
| **meledak** ムルダッ | 爆発する [ledak] |
| **melémpar** ムレンパル | 投げる [lémpar] |
| *melémpar* batu pada burung | 鳥に石を投げる |
| **melémpari** ムレンパリ | 〜に投げる [lémpar] |
| *melémpari* polisi dengan batu | 警官に石を投げる |
| **melengkapi** ムルンカピ | 備える、完備する [lengkap 完全な] |
| Gedung ini *dilengkapi* AC. | この建物はエアコンが装備されている。 |
| **melepaskan** ムルパスカン | 放す、外す [lepas 外れる] |
| **meléwati** ムレワティ | 〜を通る；〜を通して [léwat 過ぎる] |
| **melibatkan** ムリバトカン | 巻き込む [libat] |
| Kasus ini *melibatkan* banyak pejabat. | この事件は多くの役人を巻き込んでいた。 |
| **melihat** ムリハッ | 見る [lihat] |
| **melindungi** ムリンドゥンギ | 保護する [lindung] |
| **melipat** ムリパッ | 折る、たたむ [lipat] |
| **meliputi** ムリプティ | カバーする [liput☆] |
| Siaran ini *meliputi* seluruh Jepang. | この放送は日本全国をカバーする。 |
| **melompat** ムロンパッ | 飛ぶ、跳ぶ [lompat☆] |
| **meloncat** ムロンチャッ | 飛ぶ、跳ぶ [loncat☆] |
| **meluas** ムルアス | 広がる [luas 広い] |
| Kebakaran hutan makin *meluas*. | 森林火災はますます広がった。 |

| | | |
|---|---|---|
| **melukai** ムルカイ | 傷つける [luka 傷] | |
| **melukis** ムルキス | 絵を描く [lukis] | |
| **melupakan** ムルパカン | 〜を忘れる [lupa 忘れる] | |
| *melupakan* kejadian itu | その出来事を忘れ去る | |
| **memaafkan** ムマアフカン | 許す [maaf 許し] | |
| *Maafkan* saya. | 私を許してください。 | |
| **memahami** ムマハミ | 理解する [paham 理解する] | |
| **memainkan** ムマインカン | 演奏する、演じる [main] | |
| *memainkan* biola | バイオリンを弾く | |
| **memakai** ムマカイ | 使う、身につける [pakai] | |
| **memaksa** ムマクサ | 強いる [paksa 強制の] | |
| **memaksudkan** ムマクスッドカン | 意図する [maksud 意図] | |
| Bukan itu yang *dimaksudkannya*. | 彼が意図するのはそれではない。 | |
| **memanaskan** ムマナスカン | 熱する [panas 熱い] | |
| **memancing** ムマンチン | 釣る、釣りをする [pancing☆] | |
| **memandang** ムマンダン | 見る、眺める [pandang] | |
| **memanfaatkan** ムマンファアトカン | 利用する [manfaat 利用価値] | |
| **mémang** メマン | もちろん、確かに | |
| Dia *mémang* menang, namun tidak puas dengan permainannya sendiri. 彼は確かに勝ったが、自分のプレーに満足していない。 | | |
| **memanggang** ムマンガン | 焼く、あぶる [panggang] | |
| **memanggil** ムマンギル | 呼ぶ、呼び出す [panggil] | |
| **memantau** ムマンタウ | 見守る、監視する [pantau☆] | |
| **memarahi** ムマラヒ | 叱る [marah 怒った] | |
| Anak itu *dimarahi* gurunya. その子は先生に叱られた。 | | |
| **memasak** ムマサッ | 料理する、煮る [masak 熟した] | |
| **memasalahkan** ムマサラカン, | 問題にする、問題視する [masalah 問題] | |

**mempermasalahkan** ムンプルマサラカン

*mempermasalahkan* pendidikan　教育を問題にする

| **memasang** ムマサン | つける、はめる、かける [pasang] |
|---|---|
| **memastikan** ムマスティカン | 決める、確認する [pasti 確かな] |
| **memasuki** ムマスキ | ～に入る [masuk 入る] |

*memasuki* bangunan bersejarah　歴史的建造物に入る

| **memasukkan** ムマスッカン | 入れる [masuk 入る] |
|---|---|

*memasukkan* buku ke dalam tas　本を鞄の中に入れる

| **mematikan** ムマティカン | 止める、消す [mati 死ぬ] |
|---|---|

*Matikan* lampu!　灯りを消して！

| **membaca** ムンバチャ | 読む [baca] |
|---|---|
| **membacakan** ムンバチャカン | 読んでやる、読み上げる [baca] |

Ia *membacakan* kakéknya surat dari kantor désa.
　　　　　　彼は村役場からの書類を祖父に読んでやった。

| **membagi** ムンバギ | 分ける、分配する [bagi] |
|---|---|
| **membahas** ムンバハス | 検討する、議論する [bahas☆] |
| **membaik** ムンバイッ | 良くなる [baik 良い] |
| **membakar** ムンバカル | 燃やす、焼く [bakar] |
| **membalas** ムンバラス | 返信する、返す [balas] |

*membalas* budi　恩返しする

| **membandingkan** ムンバンディンカン 比較する [banding] |
|---|

Hari ini sangat panas *dibandingkan* dengan kemarin.
　　　　　　　　今日は昨日に比べとても暑い。

| **membanggakan** ムンバンガカン | ～を自慢する、誇る [bangga 誇りに思う] |
|---|---|
| **membangun** ムンバグン | 建設する [bangun 起きる] |
| **membangunkan** ムンバグンカン | 起こす [bangun 起きる] |

*Bangunkan* saya jam enam pagi!　朝6時に起こして！

| **membanjir** ムンバンジル | あふれる [banjir 洪水] |
|---|---|

Mobil Jepang *membanjir* di mana-mana.

日本車が至る所にあふれている。

| | |
|---|---|
| **membantah** ムンバンタ | 反対する、反論する [bantah☆] |

Negara itu *membantah* peringatan dari PBB.

その国は国連の警告に反論した。

| | |
|---|---|
| **membantu** ムンバントゥ | 助ける、支援する [bantu] |
| **membatalkan** ムンバタルカン | 中止する [batal 中止になる] |
| **membatasi** ムンバタシ | 制限する [batas 限度] |
| **membaui** ムンバウイ | 匂いを嗅ぐ [bau 匂い] |
| **membawa** ムンバワ | 運ぶ、持って行く、持参する [bawa] |

*membawa* HP ke kantor　携帯電話を会社に持って行く

| | |
|---|---|
| **membawakan** ムンバワカン | 持って行ってやる；上演する [bawa] |

Tolong *bawakan* dia air.　彼に水を持って行ってください。

| | |
|---|---|
| **membayangkan** ムンバヤンカン | 想像する [bayang 影] |
| **membayar** ムンバヤル | 支払う [bayar] |
| **membébaskan** ムンベバスカン | 解放する [bébas 自由な] |
| **membédakan** ムンベダカン | 区別する [béda 違い] |

*membédakan* uang asli dengan uang palsu

本物のお金と偽のお金を区別する

| | |
|---|---|
| **membela** ムンベラ | 擁護する、守る [bela☆] |
| **membeli** ムンブリ | 買う [beli] |
| **membelikan** ムンブリカン | 買ってやる、買うのに使う [beli] |

*membelikan* dia mobil baru　彼に新車を買ってやる

*membelikan* gaji untuk komputer　給料でパソコンを買う

| | |
|---|---|
| **membenarkan** ムンブナルカン | 正す、認める [benar 正しい] |

*membenarkan* kesalahan　誤りを正す

| | |
|---|---|
| **membentuk** ムンブントゥッ | 形づくる、結成する [bentuk 形] |
| **memberi(kan)** ムンブリ(カン) | 与える、渡す [beri] |

| | | |
|---|---|---|
| **memberitahu(kan)** ムンブリタウ(カン) | | 知らせる、伝える [beritahu] |

Tolong *beritahukan* alamat Anda kepada saya.
あなたの住所を私に教えてください。

| | |
|---|---|
| **memberontak** ムンブロンタッ | 反乱を起こす、蜂起する [berontak☆] |
| **membersihkan** ムンブルシカン | 清潔にする、掃除する [bersih 清潔な] |
| **membesarkan** ムンブサルカン | 大きくする、育てる [besar 大きい] |

Saya *dibesarkan* di désa itu.  私はその村で育てられた。

| | |
|---|---|
| **membiarkan** ムンビアルカン | ほうっておく [biar] |
| **membiayai** ムンビアヤイ | 〜の費用を出す [biaya 費用] |
| *membiayai* upacara itu | その儀礼の費用を負担する |
| **membicarakan** ムンビチャラカン | 〜について話す [bicara 話す] |

Soal itu *dibicarakan* di dalam rapat.  その件は会議で話された。

| | |
|---|---|
| **membikin** ムンビキン,<br>**bikin\*** ビキン | 作る |
| **membimbing** ムンビンビン | 導く、指導する [bimbing] |
| **membohongi** ムンボホンギィ | だます、嘘をつく [bohong 嘘] |
| **memboléhkan** ムンボレカン,<br>**memperboléhkan** ムンブルボレカン | 許可する [boléh 〜してもよい] |
| **membolos** ムンボロス | サボる [bolos☆] |
| **membongkar** ムンボンカル | 壊す、暴く、荷を開ける [bongkar☆] |
| **memboros** ムンボロス | 浪費する [boros☆] |
| **membosankan** ムンボサンカン | 退屈させる [bosan 飽きる] |

Cerita itu sangat *membosankan*.  その話はとても退屈だ。

| | |
|---|---|
| **membuang** ムンブアン | 捨てる [buang] |
| **membuat** ムンブアッ | 作る；〜させる [buat] |
| *membuat* kopi | コーヒーを入れる |

Kata-kata itu *membuat* saya marah.  その言葉は私を怒らせた。

| | | |
|---|---|---|
| **membujuk** ムンブジュッ | 口説く、説得する [bujuk☆] | |
| *membuka* ムンブカ | 開ける、脱ぐ [buka 開いている] | |
| *membuka* sepatu | 靴を脱ぐ | |
| **membukakan** ムンブカカン | 開けてやる [buka 開いている] | |
| *Bukakan* saya pintu! | （私に）ドアを開けて！ | |
| **membuktikan** ムンブクティカン | 証明する [bukti 証拠] | |
| **membungkus** ムンブンクス | 包む [bungkus] | |
| **membunuh** ムンブヌゥ | 殺す [bunuh] | |
| **memburuk** ムンブルッ | 悪化する [buruk 悪い] | |
| **membutuhkan** ムンブトゥカン | 必要とする [butuh 必要とする] | |
| Bantuan darurat sangat *dibutuhkan*. | 緊急支援が強く求められている。 | |
| **memecahkan** ムムチャカン | 割る、打破する [pecah 割れる] | |
| **memecat** ムムチャッ | 解雇する [pecat☆] | |
| **memegang** ムムガン | つかむ、握る [pegang☆] | |
| **memelihara** ムムリハラ | 飼う、育てる、守る [pelihara] | |
| **memeluk** ムムルッ | 抱く；信奉する [peluk] | |
| **memenangkan** ムムナンカン | 勝ち取る [menang 勝つ] | |
| **memenuhi** ムムヌヒ | 満たす [penuh いっぱいの] | |
| *memenuhi* kebutuhan | 需要を満たす | |
| **memeras** ムムラス | しぼる [peras☆] | |
| **memeriksa** ムムリクサ | 検査する、調べる [periksa] | |
| **memerintah(kan)** ムムリンタ(カン) | 命令する [perintah 命令] | |
| **memerlukan** ムムルルゥカン | 必要とする [perlu 必要な] | |
| **memesan** ムムサン | 注文する、予約する [pesan 伝言] | |
| **memetik** ムムティッ | 摘む [petik☆] | |
| **memijit** ムミジッ | マッサージする [pijit☆] | |
| **memikirkan** ムミキルカン | 〜について考える [pikir 考える] | |

Apa yang sedang Anda *pikirkan*? あなたは何を考えているのか？

| | | |
|---|---|---|
| **memikul** ムミクル | 担ぐ [pikul☆] | |
| **memilih** ムミリ | 選ぶ [pilih] | |
| **memiliki** ムミリキ | 所有する [milik 所有物] | |
| **memimpin** ムミンピン | 指導する、指揮をとる [pimpin] | |
| **meminjam** ムミンジャム | 借りる [pinjam] | |
| **meminjamkan** ムミンジャムカン | 貸す [pinjam] | |
| *meminjamkan* buku kepada teman | 友人に本を貸す | |
| **memisahkan** ムミサカン | 分ける、引き離す [pisah 別れた] | |
| *memisahkan* bayi dari ibunya | 赤ちゃんを母親から引き離す | |
| **memotong** ムモトン | 切る、削減する、カットする [potong] | |
| **memotrét** ムモトレッ | 写真を撮る [potrét 写真] | |
| **mempelajari** ムンプラジャリ | 勉強する、研究する [ajar] | |
| bahasa yang sulit *dipelajari* | 学習が難しい言語 | |
| **mempengaruhi** ムンプガルヒ | 影響を与える [pengaruh 影響] | |
| **memperbaiki** ムンプルバイキ | 修理する、改善する [baik 良い] | |
| **memperbanyak** ムンプルバニャッ | 増やす [banyak 多い] | |
| *memperbanyak* foto | 写真を焼き増しする | |
| **memperbarui** ムンプルバルイ | 革新する、刷新する [baru 新しい] | |
| **memperbesar** ムンプルブサル | 拡大する [besar 大きい] | |
| *memperbesar* invéstasi | 投資を拡大する | |
| **mempercayai** ムンプルチャヤイ | 信頼する [percaya 信じる] | |
| *mempercayai* teman | 友人を信頼する | |
| **mempercepat** ムンプルチュパッ | 早める [cepat はやい] | |
| *mempercepat* jam keberangkatan | 出発時刻を早める | |
| **memperdalam** ムンプルダラム | 深める [dalam 深い] | |
| *memperdalam* ilmu pengetahuan | 知識を深める | |
| **memperdengarkan** ムンプルドゥガルカン | 聞かせる [dengar] | |

| | | |
|---|---|---|
| **mempererat** ムンプルウラッ | 緊密にする [erat 緊密な] | |
| **memperhatikan** ムンプルハティカン | 注目する、注意して見る [hati 心] | |
| **memperingati** ムンプリンガティ | 記念する [ingat 思い出す] | |

memperingati kemerdékaan　独立を記念する

**memperingatkan** ムンプリガトカン　注意する、警告する [ingat 思い出す]

Dia *memperingatkan* adiknya agar berhati-hati berbicara di depan orang.
　　　　　　　彼は弟に人前で話すときは気をつけるよう注意した。

**memperjuangkan** ムンプルジュアンカン

　　　　　　　　　　　〜を求めて闘う [juang]

**memperkecil** ムンプルクチル　縮小する [kecil 小さい]

**memperkenalkan** ムンプルクナルカン　紹介する [kenal 知っている]

*memperkenalkan* diri　自己紹介する

**memperkirakan** ムンプルキラカン　推測する [kira 思う]

Korban kecelakaan itu *diperkirakan* akan bertambah.
　　　　　　　　　その事故の犠牲者は増加すると推測される。

**memperkuat** ムンプルクアッ　強化する [kuat 力強い]

**memperlihatkan** ムンプルリハトカン　見せる、示す [lihat]

*memperlihatkan* bukti　証拠を見せる

**memperluas** ムンプルルアス　広げる、拡張する [luas 広い]

**mempermainkan** ムンプルマインカン　もてあそぶ；演じる [main]

**memperoléh** ムンプルオレ　獲得する [oléh]

**memperpanjang** ムンプルパンジャン　延長する [panjang 長い]

*memperpanjang* visa　ビザを延長する

**mempersatukan** ムンプルサトゥカン　統一する [satu 一]

**mempersoalkan** ムンプルソアルカン　問題にする [soal 問題]

**mempertahankan** ムンプルタハンカン　死守する、維持する [tahan もつ]

*mempertahankan* tanah leluhur　先祖の土地を死守する

**mempertemukan** ムンプルトゥムカン　会わせる [temu]

| | |
|---|---|
| *mempertemukan* meréka | 彼らを会わせる |
| **mempertimbangkan** ムンプルティンバンカン | 検討する、考える [timbang 重さ] |
| *mempertimbangkan* cara lain | 他の方法を検討する |
| **mempertunjukkan** ムンプルトゥンジュッカン | 上演する、公演する [tunjuk] |
| **mempunyai** ムンプニャイ | 持つ、所有する [punya 持つ] |
| **memuaskan** ムムアスカン | 満足させる [puas 満足した] |
| Hasil ini sangat *memuaskan*. | この結果は大変満足するものだ。 |
| **memuat** ムムアッ | 載せる、掲載する [muat☆] |
| *memuat* artikel di majalah | 記事を雑誌に掲載する |
| **memuji** ムムジ | ほめる、称賛する [puji☆] |
| **memukul** ムムクル | 殴る、打つ [pukul] |
| **memukul-mukul** ムムクルムクル | 何度も殴る、叩く [pukul] |
| **memukuli** ムムクリ | 何度も殴る、叩く [pukul] |
| **memulai** ムムライ | 始める [mulai 始まる] |
| Upacara wisuda sudah *dimulai*. | 卒業式は既に始められている。 |
| **memutar(kan)** ムムタル(カン) | 回す;流す、放映する [putar] |
| *memutar* kunci | 鍵を回す |
| **memutuskan** ムムトゥスカン | 決定する、切る [putus 切れた] |
| **menabrak** ムナブラッ | 衝突する、ぶつかる [tabrak] |
| *ditabrak* mobil | 車にはねられる |
| **menabung** ムナブン | 貯金する、ためる [tabung] |
| **menahan** ムナハン | 抑える、拘束する [tahan もつ] |
| *menahan* sakit | 痛みをこらえる |
| **menaikkan** ムナイッカン | 上げる [naik 上がる] |
| **menakutkan** ムナクトカン | 怖がらせる、恐れる [takut 怖い] |
| *menakutkan* orang | 人を怖がらせる |

| | |
|---|---|
| Inilah yang saya *takutkan*. | 私が恐れているのはこれです。 |
| **menamakan** ムナマカン, **menamai** ムナマイ | 名付ける［nama 名前］ |
| Ia *menamai* anaknya Tini. | 彼は子供にティニと名付けた。 |
| **menambah** ムナンバ | 増やす、加える［tambah さらに］ |
| **menampung** ムナンプン | （水を）溜める；収容する［tampung☆］ |
| **menanak** ムナナッ | 炊く［tanak☆］ |
| **menanam(kan)** ムナナム(カン) | 植える［tanam］ |
| *menanam* padi di sawah | 稲を田に植える |
| **menanami** ムナナミ | 〜に植える［tanam］ |
| Petani itu *menanami* ladang dengan kacang kedelai. | その農民は畑に大豆を植えた。 |
| **menandatangani** ムナンダタガニ | 署名する［tanda tangan 署名］ |
| **menang** ムナン | 勝つ → kemenangan, memenangkan |
| **menangani** ムナガニ | 担当する、処理する［tangan 手］ |
| **menanggapi** ムナンガピ | 受け取る、捉える、反応する［tanggap］ |
| *menanggapi* kritik | 批判を受け止める |
| **menanggung** ムナングン | （費用などを）負担する［tanggung］ |
| **menangis** ムナギス | 泣く［tangis☆］ |
| **menangkap** ムナンカップ | 捕まえる、逮捕する；理解する［tangkap☆］ |
| **menantu** ムナントゥ | 嫁、婿 |
| **menanyakan** ムナニャカン | 〜について尋ねる［tanya］ |
| Ia *menanyakan* hal itu kepada istrinya. | 彼は妻にその件について尋ねた。 |
| **menari** ムナリ | 踊る［tari 踊り］ |
| **menarik** ムナリッ | 引く、引っぱる；魅力的な［tarik］ |
| sangat *menarik* | 大変興味深い |

| | |
|---|---|
| **menaruh** ムナルゥ | 置く [taruh☆] |
| **menaséhati** ムナセハティ | 忠告する [naséhat 忠告] |
| **menawar** ムナワル | 値切る、提供する [tawar] |
| *menawar* harga | 値切る |
| **menawarkan** ムナワルカン | 勧める、提供する [tawar] |
| Ia *menawarkan* pekerjaan baru kepada adiknya. | 彼は弟に新しい仕事を勧めた。 |
| **mencabut** ムンチャブッ | 引き抜く；無効にする [cabut☆] |
| **mencampur(kan)** ムンチャンプル(カン) | 混ぜる [campur 混ざった] |
| **mencapai** ムンチャパイ | 達する、届く [capai] |
| *mencapai* tujuan | 目標に到達する |
| **mencari** ムンチャリ | 探す、求める [cari☆] |
| **mencatat** ムンチャタッ | メモする、記録する [catat] |
| **mencegah** ムンチュガ | 予防する [cegah☆] |
| **mencerét** メンチェレッ | 下痢をする |
| **menceritakan** ムンチュリタカン | ～について語る、述べる [cerita 話] |
| *menceritakan* kenangan | 思い出について話す |
| **mencerminkan** ムンチュルミンカン | 反映させる [cermin 鏡] |
| Laporan ini *mencerminkan* pendapat Bank Dunia. | この報告書は世界銀行の意見を反映している。 |
| **mencétak** ムンチェタッ | 印刷する [cétak☆] |
| **mencicil** ムンチチル | 分割で払う [cicil] |
| **mencicipi** ムンチチピ | 味見する [cicip☆] |
| **mencintai** ムンチンタイ | ～を愛する、恋する [cinta] |
| *mencintai* tanah air | 祖国を愛する |
| **menciptakan** ムンチプタカン | 創造する、創作する [cipta☆] |
| **mencium** ムンチウム | 匂いを嗅ぐ；キスする [cium☆] |

| | | |
|---|---|---|
| **mencoba** ムンチョバ | | 試す [coba] |
| **mencopét** ムンチョペッ | | 掏る [copét スリ] |
| **mencuci** ムンチュチ | | 洗う [cuci☆] |
| **mencukur** ムンチュクル | | 剃る、髪を切る [cukur] |
| **menculik** ムンチュリッ | | 誘拐する、拉致する [culik☆] |
| **mencuri** ムンチュリ | | 盗む [curi] |
| **mencurigai** ムンチュリガイ | | ～を疑う [curiga 疑う] |
| Ia *dicurigai* bunuh diri. | | 彼は自殺したと疑われている。 |
| **mendadak** ムンダダッ | | 急に、突然 [dadak☆] |
| **mendaftar(kan)** ムンダフタル(カン) | | 登録する [daftar リスト] |
| **mendahului** ムンダフルイ | | 先んじる [dahulu 以前] |
| **mendaki** ムンダキ | | 登る [daki☆] |
| **mendalam** ムンダラム | | 深まる [dalam 深い] |
| **mendapat(kan)** ムンダパッ、ムンダパトカン | | 得る [dapat できる] |
| **mendarat** ムンダラッ | | 上陸する [darat 陸] |
| **mendatang** ムンダタン | | きたる、今度の [datang 来る] |
| Jumat *mendatang* | | きたる金曜 |
| **mendatangi** ムンダタンギィ | | ～に来る [datang 来る] |
| *mendatangi* saya | | 私のもとに来る |
| **mendatangkan** ムンダタンカン | | もたらす [datang 来る] |
| **mendekat** ムンドゥカッ | | 近づく [dekat 近い] |
| Tahun baru sudah *mendekat*. | | 新年がもう近づいている。 |
| **mendekati** ムンドゥカティ | | ～に近づく [dekat 近い] |
| Jangan *dekati* lobang itu! | | その穴に近づくな！ |
| **mendekatkan** ムンドゥカッカン | | 近づける [dekat 近い] |
| *mendekatkan* gelas pada mulut | | グラスを口に近づける |
| **mendengar** ムンドゥガル | | 聞く [dengar] |

| | |
|---|---|
| **mendengarkan** ムンドゥガルカン | 聞き入る [dengar] |
| *mendengarkan* berita | ニュースをじっと聞く |
| **menderita** ムンドゥリタ | 苦労する、苦しむ、被る [derita] |
| *menderita* penyakit jantung | 心臓病に苦しむ |
| **mendesak** ムンデサッ | 圧迫する；急を要する [desak☆] |
| Perbaikan jalan sudah *mendesak*. | 道路修理はすでに急を要している。 |
| **mendidih** ムンディディ | 沸騰する [didih☆] |
| **mendidik** ムンディディッ | 教育する、しつける [didik] |
| **mendirikan** ムンディリカン | 設立する [diri 自己] |
| **mendoakan** ムンドアカン | 〜を祈る [doa 祈り] |
| *mendoakan* keberhasilan | 成功を祈る |
| **mendorong** ムンドロン | 押す、後押しする、促す [dorong☆] |
| *mendorong* pintu | ドアを押す |
| *mendorong* dia agar menerima kenyataan | |
| | 彼に現実を受け入れるよう促す |
| **menduduki** ムンドゥドゥキ | 占領する [duduk 座る] |
| **menduga** ムンドゥガ | 予測する、想像する、疑う [duga] |
| **mendukung** ムンドゥクン | 支える、支持する [dukung] |
| **mendung** ムンドゥン | 曇り |
| **menegaskan** ムヌガスカン | はっきりさせる、主張する [tegas 明白な] |
| **menekan** ムヌカン | 押す、圧力をかける [tekan] |
| *menekan* tombol | スイッチ・ボタンを押す |
| **menekankan** ムヌカンカン | 強調する [tekan] |
| **menelan** ムヌラン | のみ込む [telan☆] |
| **menelépon** ムネレポン | 電話する [télépon 電話] |
| **meneliti** ムヌリティ | 研究する、調査する [teliti 細かい] |

| | |
|---|---|
| **menemani** ムヌマニ | 付き添う［teman 友人］ |
| **menémbak** ムネンバッ | 撃つ［témbak］ |
| **menempatkan** ムヌンパトカン | 配置する［tempat 場所］ |
| **menémpél** ムネンペル | 貼る、くっつける［témpél☆］ |
| **menemui** ムヌムイ | 〜と会う［temu］ |
| *menemui* pengungsi | 避難民と会う |
| **menemukan** ムヌムカン | 見つける、発見する［temu］ |
| *menemukan* zat kimia baru | 新しい化学物質を発見する |
| **menendang** ムヌンダン | ける［tendang☆］ |
| **menengah** ムヌンガ | 中等の、中位の［tengah 真ん中］ |
| pendidikan *menengah* | 中等教育 |
| **menéngok** ムネンゴッ | 見舞う［téngok☆］ |
| **menentang** ムヌンタン | 反対する［tentang］ |
| **menentukan** ムヌントゥカン | 決める、定める［tentu 定まった］ |
| **menenun** ムヌヌン | 織る［tenun☆］ |
| **menerangkan** ムヌランカン | 明らかにする、解説する［terang 明るい］ |
| **menerapkan** ムヌラプカン | 適用する［terap☆］ |
| **menerbitkan** ムヌルビトカン | 出版する［terbit 出版される］ |
| **menerima** ムヌリマ | 受けとる、受け入れる［terima］ |
| **menerjemahkan** ムヌルジュマカン, 通訳・翻訳する［terjemah］ |
|    **menterjemahkan** ムントゥルジュマカン | |
| **meneruskan** ムヌルスカン | 続ける［terus 続く］ |
| **menetapkan** ムヌタプカン | 決める、確定する［tetap 一定の］ |
| **mengadakan** ムガダカン | 開催する［ada いる］ |
| *mengadakan* KTT | サミットを開催する |
| **mengadu** ムガドゥ | （強さなどを）競う；苦情を言う［adu☆］ |
| **mengairi** ムガイリ | 灌漑する、水を引く［air 水］ |
| **mengajak** ムガジャッ | 誘う［ajak☆］ |

| | | |
|---|---|---|
| Dia *diajak* keluar oléh ibunya. | | 彼は母親に誘われて出かけた。 |
| **mengajar** ムガジャル | | 教える [ajar] |
| **mengaji** ムガジ | | コーランの読誦をする [kaji] |
| **mengajukan** ムガジュカン | | 提出する [aju☆] |
| **mengakhiri** ムガヒリ | | 終わらせる、終える [akhir 終わり] |
| *mengakhiri* masa jabatan | | 任期を終える |
| **mengakibatkan** ムガキバトカン | | 結果としてもたらす [akibat 結果] |
| Bencana alam itu *mengakibatkan* kerugian besar. | | |
| | | その自然災害は大損害をもたらした。 |
| **mengaku** ムガクゥ | | 自認する [aku おれ] |
| Dia *mengaku* masih berumur dua puluhan. | | |
| | | 彼はまだ二十代だと言っている。 |
| **mengakui** ムガクイ | | 自認する、認める [aku おれ] |
| *diakui* secara resmi | | 正式に認められる |
| **mengalahkan** ムガラカン | | 負かす [kalah 負ける] |
| **mengalami** ムガラミ | | 経験する [alam 自然] |
| **mengalir** ムガリル | | 流れる [alir] |
| **mengamankan** ムガマンカン | | 安全にする [aman 安全な] |
| **mengamati** ムガマティ | | 観察する、見張る [amat] |
| **mengambil** ムガンビル | | 取る [ambil] |
| **mengancam** ムガンチャム | | 脅す [ancam] |
| **mengandung** ムガンドゥン | | 含む；妊娠する [kandung 子宮] |
| tak *mengandung* lemak | | 脂肪を含まない |
| **menganggap** ムガンガップ | | 見なす、考える [anggap☆] |
| *menganggap* rakyat bodoh | | 民衆を愚かであると考える |
| **mengangguk** ムガングッ | | 頷く [angguk☆] |
| **menganggur** ムガングル | | 失業する [anggur] |
| **mengangkat** ムガンカッ | | 持ちあげる；採用する、養子とする |

| | [angkat] |
|---|---|
| **mengangkut** ムガンクッ | 運搬する [angkut] |
| **mengantar(kan)** ムガンタル(カン) | 案内する、届ける [antar] |
| **mengantuk** ムガントゥッ | 眠い [kantuk☆] |
| **menganut** ムガヌッ | 信奉する [anut] |
| **menganyam** ムガニャム | 編む [anyam☆] |
| **mengapa** ムガパ | なぜ、どうした |
| *Mengapa* dia selalu terlambat? | なぜ彼はいつも遅れるのか? |
| **mengarah** ムガラ | 向く、向かう [arah 方向] |
| Perhatian masyarakat *mengarah* pada soal itu. | 民衆の関心はその問題に向いている。 |
| **mengarang** ムガラン | 執筆する [karang] |
| **mengasuh** ムガスゥ | 養育する、世話する [asuh] |
| **mengatakan** ムガタカン | 言う [kata 言葉] |
| Ia *mengatakan* bahwa anaknya sudah mulai bekerja di bank. | 彼は子供がすでに銀行で働き始めたと言った。 |
| **mengatasi** ムガタシ | 克服する、乗り越える [atas 上] |
| **mengatur** ムガトゥル | 整える、コントロールする [atur] |
| *mengatur* jadwal | 日程を調整する |
| **mengawasi** ムガワシ | 監視する [awas 注意深い] |
| **mengebom** ムグボム, **membom** ムンボム | 爆破させる [bom 爆弾] |
| **mengecék** ムグチェッ, **mencék** ムンチェッ | チェックする [cék チェック] |
| **mengecilkan** ムグチルカン | 小さくする [kecil 小さい] |
| *mengecilkan* suara | 声を小さくする |
| **mengéja** ムゲジャ | 綴る [éja] |
| **mengejar** ムグジャル | 追う [kejar☆] |

| | |
|---|---|
| **mengéjék** ムゲジェッ | 馬鹿にする、嘲る [éjék☆] |
| **mengejutkan** ムグジュトカン | 驚かす [kejut] |
| **mengelola** ムグロラ | 運営する、経営する [kelola] |
| **mengeluarkan** ムグルアルカン | 出す [keluar 出る] |
| **mengeluh** ムグルゥ | 不平を言う [keluh] |
| **mengembalikan** ムグンバリカン | 返す、戻す [kembali 戻る] |
| **mengembangkan** ムグンバンカン | 発展させる [kembang 花] |
| **mengemudi** ムグムディ | 運転する [kemudi かじ] |
| **mengemukakan** ムグムカカン | 表す、述べる [muka 顔] |

Kesimpulan akan *dikemukakan* pada bab berikut.
次章で結論が述べられる。

| | |
|---|---|
| **mengenai** ムグナイ | 〜について [kena かかる] |

berbicara *mengenai* acara bésok　明日の予定について話す

| | |
|---|---|
| **mengenakan** ムグナカン | 身につける、(税などを) かける [kena かかる] |
| **mengenal** ムグナル | 知る、(人を) 知っている [kenal 知っている] |
| **mengendalikan** ムグンダリカン | 統制する、操作する [kendali☆] |
| **mengéong** ムゲオン | ニャーと鳴く [ngéong☆] |
| **mengepalai** ムグパライ | 〜の長をする、率いる [kepala 頭] |
| **mengerém** ムグレム, **merém** ムレム | ブレーキをかける [rém ブレーキ] |
| **mengerjakan** ムグルジャカン | 〜の作業をする [kerja 仕事] |
| *mengerjakan* tugas | 課題に取り組む |
| **mengerti** ムグルティ | 理解する [erti] |

Keputusan ini tidak bisa *dimengerti* para anggota.
この決定をメンバーたちは理解できなかった。

| | |
|---|---|
| **mengetahui** ムグタフイ | 知る [tahu 知る] |

hal-hal yang perlu saya *ketahui*　私が知る必要がある事柄

| | |
|---|---|
| **mengetik** ムグティッ | タイプを打つ、入力する [ketik☆] |
| **mengetuai** ムグトゥアイ | 代表となる [tua 年老いた / ketua 代表] |
| **mengetuk** ムグトゥッ | 叩く、ノックする [ketuk☆] |
| **menggabungkan** ムンガブンカン | まとめる、1つにする [gabung] |
| **menggali** ムンガリ | 掘る [gali☆] |
| **menggambar** ムンガンバル | 絵を描く [gambar 絵] |
| 　pintar *menggambar* | 絵画がうまい |
| **menggambarkan** ムンガンバルカン | 描く、描写する [gambar 絵] |
| **mengganggu** ムンガングゥ | 邪魔する [ganggu] |
| **mengganti** ムンガンティ | 替える；弁償する [ganti 代わり] |
| 　*mengganti* pakaian | 服を着替える |
| 　*mengganti* rugi | 損失を弁償する |
| **menggantikan** ムンガンティカン | 取って替わる [ganti 代わり] |
| Tak ada yang dapat *menggantikan* pegawai itu. | その職員に取って替われる人はいない。 |
| **menggantung** ムンガントゥン | 掛ける [gantung] |
| Kunci itu biasanya *digantung* di dinding. | その鍵はふつう壁にかけてある。 |
| **menggaruk** ムンガルッ | 掻く、引っ掻く [garuk☆] |
| **menggéndong** ムンゲンドン | おんぶする、腰に抱く [géndong☆] |
| **menggigit** ムンギギッ | 噛む、噛みつく、（蚊などが）刺す [gigit☆] |
| **menggolongkan** ムンゴロンカン | 分類する [golong] |
| **menggoréng** ムンゴレン | 油で調理する、揚げる [goréng] |
| **menggosok** ムンゴソッ | 磨く、こする [gosok☆] |
| **menggugat** ムングガッ | 告訴する [gugat☆] |
| **menggulung** ムングルン | くるくる巻く [gulung☆] |

| | | |
|---|---|---|
| **menggunakan** ムングナカン, **mempergunakan** ムンプルグナカン | | 使用する、利用する [guna 用途] |
| **menggunting** ムングンティン | | はさみで切る [gunting はさみ] |
| **menghabiskan** ムンハビスカン | | (お金などを) 使ってなくす [habis なくなる] |
| *menghabiskan* gaji | | 給料を使い果たす |
| **menghadapi** ムンハダピ | | ～に直面する [hadap] |
| *menghadapi* kesulitan | | 困難に直面する |
| **menghadiri** ムンハディリ | | ～に出席する [hadir 出席する] |
| *menghadiri* pésta | | パーティーに出席する |
| **menghafal** ムンハファル | | 暗記する [hafal☆] |
| **menghalangi** ムンハランギィ | | 妨げる [halang☆] |
| **menghambat** ムンハンバッ | | 妨げる [hambat] |
| **menghancur(kan)** ムンハンチュル(カン) | | 壊す、崩壊させる [hancur 砕ける] |
| **menghapus(kan)** ムンハプス(カン) | | 消す [hapus] |
| **mengharap(kan)** ムンハラプ(カン) | | ～を望む [harap 望む] |
| Bukan itu yang saya *harapkan*. 私が望むのはそれではない。 | | |
| **menghargai** ムンハルガイ | | 尊重する [harga 価値] |
| **menghasilkan** ムンハシルカン | | もたらす、生み出す [hasil 成果] |
| **menghémat** ムンヘマッ | | 節約する [hémat☆] |
| **menghentikan** ムンフンティカン | | 止める、停止する [henti] |
| *menghentikan* kegiatan | | 活動を停止する |
| **menghias** ムンヒアス, **menghiasi** ムンヒアシ | | 飾る [hias] |
| **menghidupkan** ムンヒドゥプカン | | (電気などを) 点ける [hidup 生きる] |
| **menghilang** ムンヒラン | | 消える [hilang なくなる] |
| Mobil saya tiba-tiba *menghilang*. 私の車が突如消えた。 | | |

| | | |
|---|---|---|
| **menghilangkan** ムンヒランカン | なくす、消す [hilang なくなる] | |
| **menghina** ムンヒナ | 軽べつする [hina☆] | |
| **menghindari** ムンヒンダリ | 〜を避ける [hindar☆] | |
| *menghindari* dia | 彼を避ける | |
| **menghitung** ムンヒトゥン | 数える [hitung] | |
| **menghormati** ムンホルマティ | 〜を尊敬する [hormat 敬意] | |
| **menghubungi** ムンフブンギィ | 〜に連絡する [hubung] | |
| **menghukum** ムンフクム | 罰する [hukum 法] | |
| **mengikat** ムギカッ | 縛る、結ぶ [ikat 縛るもの] | |
| **mengikuti** ムギクティ | 従う、参加する [ikut ついていく] | |
| *mengikuti* perintah | 命令に従う | |
| **menginap** ムギナップ | 泊まる [inap] | |
| **mengingatkan** ムギンガトカン | 思い出させる、注意する [ingat 思い出す] | |
| *mengingatkan* warga agar tidak keluar | 住民に外出しないよう注意を促す | |
| **menginginkan** ムギギンカン | 〜を望む [ingin 〜したい] | |
| **menginjak** ムギンジャッ | 踏む [injak☆] | |
| **mengintip** ムギンティプ | 覗く [intip☆] | |
| **mengira** ムギラ | 〜と思う [kira 思う] | |
| Pria itu *dikira* maling, tetapi ternyata penduduk setempat. | その男性は泥棒かと思われたが、実は地元の住民であった。 | |
| **mengirim(kan)** ムギリム(カン) | 送る、送付する [kirim] | |
| **mengisap** ムギサップ | 吸う、吸収する [isap☆] | |
| **mengisi** ムギシ | 満たす [isi 中身] | |
| *mengisi* térmos dengan téh | 魔法瓶にお茶を入れる | |
| **mengisikan** ムギシカン | 入れる [isi 中身] | |
| *mengisikan* air ke dalam botol | 水をビンに入れる | |

| | | |
|---|---|---|
| **mengizinkan** ムギジンカン | 許可する [izin 許可] | |
| **mengkaji** ムンカジ | 調べる、分析する [kaji] | |
| **mengkhawatirkan** ムンハワティルカン | 心配させる、〜を心配する [khawatir 心配な] | |
| *mengkhawatirkan* keadaan ayah | 父親の状態を心配する | |
| **mengkhianati** ムンヒアナティ | 裏切る [khianat☆] | |
| **mengobati** ムゴバティ | 治療する [obat 薬] | |
| **mengobrol** ムゴブロル | おしゃべりする [obrol☆] | |
| **mengolah** ムゴラ | 加工する [olah] | |
| **mengorbankan** ムゴルバンカン | 犠牲にする [korban 犠牲] | |
| **menguap** ムグアップ | あくびをする [kuap☆] | |
| **menguasai** ムグアサイ | 支配する；習得する [kuasa 権力] | |
| *menguasai* bahasa Inggris | 英語を習得する | |
| **mengubah** ムグバ, **merubah** ムルバ | 変える [ubah] | |
| **mengucapkan** ムグチャブカン | 述べる、表明する [ucap] | |
| *mengucapkan* terima kasih | 感謝を述べる | |
| **menguji** ムグジ | テストする、検査する [uji 試し] | |
| *menguji* karyawan | 従業員をテストする | |
| **mengukir** ムグキル | 彫る [ukir] | |
| **mengukur** ムグクル | 計る、量る [ukur] | |
| **mengukus** ムグクス | 蒸す [kukus☆] | |
| **mengulang** ムグラン | 繰り返す、やり直す [ulang☆] | |
| *mengulang* pemilihan | 選挙をやり直す | |
| **mengumpulkan** ムグンプルカン | 集める [kumpul] | |
| **mengumumkan** ムグムゥムカン | 発表する、公表する [umum 一般の] | |
| **mengunci** ムグンチ | 鍵をかける [kunci 鍵] | |

| | | |
|---|---|---|
| **mengundang** ムグンダン | 招待する [undang] | |
| **mengundur** ムグンドゥル | 延期する [undur 退く] | |
| **mengundurkan** ムグンドゥルカン | 後退させる、辞任させる、遅らせる [undur 退く] | |

*mengundurkan* diri dari anggota DPR　国会議員を辞職する

| | |
|---|---|
| **mengungkapkan** ムグンカプカン | 述べる [ungkap☆] |
| **mengungsi** ムグンシ | 避難する [ungsi] |
| **menguning** ムグニン | 黄色くなる [kuning 黄色] |

Padi di sini sudah *menguning*.　ここの稲はもう色づいている。

| | |
|---|---|
| **mengunjungi** ムグンジュンギィ | 〜を訪ねる [kunjung] |

*mengunjungi* rumah teman　友人の家を訪ねる

| | |
|---|---|
| **menguntungkan** ムグントゥンカン | 利益をもたらす [untung 運] |
| **mengupas** ムグパス | 皮をむく [kupas☆] |

*mengupas* kulit mangga　マンゴーの皮をむく

| | |
|---|---|
| **mengurangi** ムグランギィ | 減少させる [kurang 足りない] |
| **mengurus** ムグルス | 取り扱う、処理する [urus] |
| **mengusir** ムグシル | 追い払う [usir☆] |
| **mengusulkan** ムグスルカン | 提案する [usul 提案] |
| **mengutip** ムグティプ | 引用する [kutip☆] |
| **menikah** ムニカ | 結婚する [nikah] |
| **menikmati** ムニクマティ | 楽しむ [nikmat☆] |
| **menilai** ムニライ | 評価する [nilai 価値] |
| **menimbang** ムニンバン | 量る；検討する [timbang 重さ] |
| **menimbulkan** ムニンブルカン | 招く、引き起こす [timbul 現れる] |
| **meninggal** ムニンガル | 亡くなる [tinggal 残る] |

*meninggal* dunia　世を去る

| | |
|---|---|
| **meninggalkan** ムニンガルカン | 去る、残す [tinggal 残る] |

*meninggalkan* keluarga　家族のもとを去る

| | | |
|---|---|---|
| **meningkat** ムニンカツ | 上昇する [tingkat レベル] | |

Jumlah ékspor gas alam *meningkat*.
天然ガスの輸出額が上昇した。

| | | |
|---|---|---|
| **meningkatkan** ムニンカトカン | 高める [tingkat レベル] | |
| *meningkatkan* kemampuan | 能力を高める | |
| **meninjau** ムニンジョウ | 見学する、検討する [tinjau☆] | |
| **menipu** ムニプゥ | だます [tipu☆] | |
| **meniru** ムニルゥ | まねる、模倣する [tiru☆] | |
| **menit** ムニッ | 分（単位） | |
| **menitip** ムニティプ | 預ける [titip] | |
| **menjabat** ムンジャバッ | 役職につく、握る [jabat] | |
| *menjabat* menteri | 大臣の職につく | |
| **menjadi** ムンジャディ | ～になる [jadi なる] | |
| *menjadi* guru SMA | 高校の教師になる | |
| **menjadikan** ムンジャディカン | ～にする [jadi なる] | |

Peristiwa itu *dijadikan* film.　その事件は映画化された。

| | | |
|---|---|---|
| **menjaga** ムンジャガ | 守る、警備する [jaga 目が覚めている] | |
| **menjahit** ムンジャヒッ | 縫う [jahit☆] | |
| **menjajah** ムンジャジャ | 支配する [jajah] | |
| **menjalankan** ムンジャランカン | 運営する、実行する [jalan 道] | |
| *menjalankan* usaha | 事業を進める | |
| **menjamin** ムンジャミン | 保証する [jamin] | |
| **menjanjikan** ムンジャンジカン | 約束する；見込みのある [janji 約束] | |
| *menjanjikan* gaji yang lebih tinggi | より高い給与を約束する | |
| **menjatuhkan** ムンジャトゥカン | 落とす [jatuh 落ちる] | |
| **menjauhi** ムンジャウヒ | ～から遠ざかる、避ける [jauh 遠い] | |
| Dia selalu *menjauhi* saya. | 彼はいつも私を避ける。 | |
| **menjawab** ムンジャワッブ | 答える [jawab] | |

| | | |
|---|---|---|
| **menjelang** ムンジュラン | | 〜間近;〜に向けて [jelang☆] |
| *Menjelang* musim hujan hawa bertambah panas. | | |
| | | 雨期が近づき、ますます暑くなる。 |
| **menjelaskan** ムンジュラスカン | | 明らかにする、解説する [jelas 明らかな] |
| **menjemput** ムンジュンプッ | | 迎えに行く [jemput☆] |
| **menjemur** ムンジュムル | | 干す [jemur☆] |
| **menjepit** ムンジュピッ | | 挟む [jepit☆] |
| **menjual** ムンジュアル | | 売る [jual] |
| **menjuarai** ムンジュアライ | | 優勝する [juara 優勝者] |
| **menolak** ムノラッ | | 断る、拒む [tolak☆] |
| **menolong** ムノロン | | 助ける、救う [tolong] |
| **menonjol** ムノンジョル | | 突出した、目立つ [tonjol☆] |
| **menonton** ムノントン, **nonton**\* ノントン | | 観賞する、観る [tonton] |
| **méns** メン | | 月経、生理 (=ménstruasi) |
| **mentah** ムンタ | | 生の |
| **mentéga** ムンテガ | | バター、マーガリン |
| **menteri** ムントゥリ | | 大臣 → kementerian |
| **mentraktir** ムントラクティル | | (食事などを) おごる [traktir☆] |
| **ménu** メヌゥ | | メニュー |
| **menuang(kan)** ムヌアン(カン) | | そそぐ [tuang☆] |
| **menuduh** ムヌドゥ | | 訴える、告訴する [tuduh☆] |
| **menuju** ムヌジュ | | 向かう [tuju] |
| **menukar** ムヌカル | | 交換する [tukar] |
| **menular** ムヌラル | | 伝染する、感染が広がる [tular☆] |
| **menulis** ムヌリス | | 書く [tulis] |
| **menumis** ムヌミス | | 炒める [tumis☆] |
| **menunda** ムヌンダ | | 延期する [tunda☆] |

| | | |
|---|---|---|
| **menunggu** ムヌングゥ | 待つ [tunggu☆] | |
| **menunjuk** ムヌンジュッ | 指す、示す [tunjuk] | |
| **menunjukkan** ムヌンジュッカン | 示す、見せる [tunjuk] | |
| **menuntut** ムヌントゥッ | 訴える、要求する [tuntut] | |
| **menurun** ムヌルン | 下る、下がる、低下する [turun 下がる] | |
| **menurunkan** ムヌルンカン | 下げる、降ろす [turun 下がる] | |
| **menurut** ムヌルッ | ～によると [turut 従う] | |
| *Menurut* surat kabar menteri luar negeri mengundurkan diri. | 新聞によると外務大臣が辞任した。 | |
| **menuruti** ムヌルティ | 従う、ついていく [turut 従う] | |
| *menuruti* perintah | 命令に従う | |
| **menusuk** ムヌスッ | 刺す、突く [tusuk☆] | |
| *menusuk* daging dengan garpu | フォークで肉を刺す | |
| **menutup** ムヌトゥプ | 閉める [tutup 閉まっている] | |
| **menutupi** ムヌトゥピ | 覆い隠す [tutup 閉まっている] | |
| *menutupi* kesalahan | 過ちを隠す | |
| **menyadari** ムニャダリ | 意識する、認識する [sadar 気づいた] | |
| **menyajikan** ムニャジカン | (食事などを) 饗する [saji☆] | |
| **menyakiti** ムニャキティ | 傷つける [sakit 病気の] | |
| **menyaksikan** ムニャクシカン | 目撃する [saksi 証人] | |
| **menyala** ムニャラ | (火が) 燃える、点く [nyala☆] | |
| **menyalahkan** ムニャラカン | 非難する [salah 誤った] | |
| **menyambung** ムニャンブン | つなぐ [sambung つながる] | |
| **menyambut** ムニャンブッ | 歓迎する [sambut☆] | |
| **menyampaikan** ムニャンパイカン | 伝える、届ける [sampai 着く] | |
| *menyampaikan* pesan kepada tamu | 客に伝言を届ける | |
| **menyangka** ムニャンカ | 推測する、疑う [sangka] | |
| **menyangkut** ムニャンクッ | 関わる [sangkut] | |

Pertanyaan ini *menyangkut* soal keuangan.

この質問は金融に関係する。

| | | |
|---|---|---|
| **menyanyi(kan)** ムニャニ(カン) | 歌う [nyanyi] | |
| **menyapa** ムニャパ | 挨拶する [sapa☆] | |
| **menyapu** ムニャプゥ | 掃く [sapu ほうき] | |
| **menyarankan** ムニャランカン | 提案する [saran 提案] | |
| **menyatakan** ムニャタカン | 述べる、明らかにする [nyata 現実の] | |

Ia *menyatakan* bahwa pembangunan désa harus dilakukan secara bertahap.　彼は村落開発は段階的にしなければならないと述べた。

| | |
|---|---|
| **menyatu** ムニャトゥ | 一体となる [satu 一] |
| **menyebabkan** ムニュバブカン | 原因となる、引き起こす [sebab 理由] |
| **menyebarkan** ムニュバルカン | 広める、広げる [sebar] |
| **menyeberang** ムニュブラン | 渡る、横切る [seberang 向こう] |
| **menyeberangi** ムニュブランギ | ～を渡る、横切る [seberang 向こう] |
| *menyeberangi* jalan | 道を渡る |
| **menyebut** ムニュブッ | 言及する、呼ぶ [sebut] |

Kartini *disebut* sebagai pahlawan nasional.

カルティニは国家的な英雄と言われる。

| | |
|---|---|
| **menyediakan** ムニュディアカン | 用意する [sedia 用意のある] |
| **menyekolahkan** ムニュコラカン | （子供などを）学校に行かせる [sekolah 学校] |
| **menyelam** ムニュラム | 潜る [selam☆] |
| **menyelamatkan** ムニュラマトカン | 救出する [selamat 無事な] |
| **menyelenggarakan** ムニュルンガラカン | 開催する、実施する [selenggara☆] |
| **menyelesaikan** ムニュルサイカン | 終わらせる、解決する [selesai 完了する] |
| **menyelidiki** ムニュリディキ | 調査する [selidik☆] |
| **menyenangkan** ムニュナンカン | 楽しませる [senang 楽しい] |

| | | |
|---|---|---|
| **menyentuh** ムニュントゥ | 触る、触れる [sentuh☆] | |
| **menyerah** ムニュラ | あきらめる [serah] | |
| **menyerahkan** ムニュラカン | 引き渡す [serah] | |
| **menyerang** ムニュラン | 攻撃する [serang] | |
| **menyertai** ムニュルタイ | 伴う、参加する [serta 伴って] | |
| Diréktur perusahaan itu *disertai* oléh sékretaris yang pandai. | その企業の社長に有能な秘書が同伴した。 | |
| **menyesal** ムニュサル | 後悔する [sesal☆] | |
| **menyesuaikan** ムニュスアイカン | 調節する、合わせる [sesuai 合う] | |
| **menyetir** ムニュティル | 運転する [setir ハンドル] | |
| **menyetujui** ムニュトゥジュイ | ～に賛成する [tuju / setuju 賛成である] | |
| **menyéwa** ムニェワ | 賃借する [séwa 借り賃] | |
| *menyéwa* mobil | 車をレンタルする | |
| **menyéwakan** ムニェワカン | 賃貸する [séwa 借り賃] | |
| *menyéwakan* rumah dengan harga murah | 安値で家を貸す | |
| **menyiapkan** ムニアプカン, **mempersiapkan** ムンプルシアプカン | 用意する [siap 用意のある] | |
| **menyiarkan** ムニアルカン | 放送する [siar] | |
| **menyiksa** ムニクサ | 苦しめる、いじめる [siksa☆] | |
| **menyimpan** ムニンパン | しまっておく、保管する [simpan☆] | |
| *Simpan* uang itu baik-baik! | そのお金をちゃんとしまっておけ！ | |
| **menyinggung** ムニングン | （問題に）触れる [singgung] | |
| *menyinggung* soal yang rumit | 複雑な問題に触れる | |
| **menyiram** ムニラム | 水をやる、水をかける [siram☆] | |
| **menyisakan** ムニサカン | 残す [sisa 残り] | |
| **menyukai** ムニュカイ | ～を好む [suka 好む] | |
| Dia *disukai* oléh siapa saja. | 彼は誰からも好かれる。 | |
| **menyumbang** ムニュンバン | 寄付する、貢献する [sumbang] | |

| | | |
|---|---|---|
| **menyuruh** ムニュルウ | 命じる [suruh☆] | |

Saya *disuruh* keluar dari sini. 　私はここから出て行くように言われた。

| | |
|---|---|
| **menyusui** ムニュスイ | 授乳する [susu 乳] |
| **menyusul** ムニュスル | ～の後に続く [susul☆] |

Wawancara *menyusul* ujian tulis. 　面接が筆記試験の後にある。

| | |
|---|---|
| **menyusun** ムニュスン | 積み上げる；編成する、編さんする [susun☆] |
| **mérah** メラ | 赤、赤い　→ kemérah-mérahan |
| **meramal** ムラマル | 占う、予測する [ramal☆] |
| **merampok** ムランポッ | 強奪する [rampok 強盗] |
| **merantau** ムランタウ | 出稼ぎに行く [rantau☆] |
| **merasa** ムラサ | ～と感じる [rasa 感じ] |
| *merasa* senang | うれしく思う |
| **merasakan** ムラサカン | ～を感じる [rasa 感じ] |
| *merasakan* kesedihan | 悲しみを感じる |
| **merawat** ムラワッ | 世話する、看護する [rawat] |
| **merayakan** ムラヤカン | 祝う [raya 偉大な] |
| **merdéka** ムルデカ | 独立する　→ kemerdékaan |
| **merebus** ムルブス | ゆでる [rebus☆] |
| **merebut** ムルブッ | 奪う、奪い取る、勝ち取る [rebut☆] |
| **mérek** メレッ | 商標、ブランド |
| **meréka** ムレカ | 彼ら |
| **merekam** ムルカム | 録音・録画する [rekam] |
| **merencanakan** ムルンチャナカン | 計画する、予定する [rencana 計画] |
| **merépotkan** ムレポトカン | 面倒をかける [répot 忙しい] |

Mohon maaf *merépotkan* Anda. 　ご迷惑をかけてごめんなさい。

| | |
|---|---|
| **merica** ムリチャ | コショウ |
| **merobék** ムロベッ | 破る [robék 破れた] |

| | |
|---|---|
| **merokok** ムロコッ | タバコを吸う [rokok タバコ] |
| **merpati** ムルパティ | ハト |
| **mertua** ムルトゥア | 姑、舅 |
| **merugikan** ムルギカン | 損失を与える [rugi 損] |
| **merupakan** ムルパカン | ～である；～をなす [rupa 形] |

Matématika *merupakan* mata pelajaran yang penting.
数学は重要な科目である。

| | |
|---|---|
| **merusak** ムルサッ | 壊す [rusak 壊れた] |
| **mesin** ムシン | 機械 |
| *mesin* cuci | 洗濯機 |
| **Mesir** ムシル | エジプト |
| **mesjid** ムスジィド | モスク |
| **meski(pun)** ムスキ(プン) | ～だけれども、～にも関わらず |

Dia bisa menyekolahkan anaknya *meskipun* miskin.
彼は貧しくても子供を学校に入れることができた。

| | |
|---|---|
| **mesti** ムスティ | ～でなければならない → mestinya, semestinya |
| **méter** メトル | メートル（単位） |
| **méwah** メワ | 豪華な |
| **mewajibkan** ムワジブカン | 義務づける [wajib 義務の] |
| **mewakili** ムワキリ | 代表する [wakil 代表] |
| **mewarisi** ムワリシ | 受け継ぐ [waris] |
| *mewarisi* harta | 財産を相続する |
| **mewariskan** ムワリスカン | 残す、受け継がせる [waris] |
| **mewarnai** ムワルナイ | 色をつける、染める [warna 色] |
| **mewujudkan** ムウジュドカン | 実現させる [wujud 表れ] |
| **meyakinkan** ムヤキンカン | 確信させる [yakin 確信する] |
| **mi** ミ, **mie** ミ | 麺 |

| | |
|---|---|
| **miliar** ミリアル | 〜十億 |
| **milik** ミリッ | 所有物　→ memiliki, pemilik |
| Tanah ini *milik* pemerintah. | この土地は政府の所有である。 |
| **militér** ミリテル | 軍隊、軍人 |
| **mimpi** ミンピ | 夢　→ bermimpi |
| **minat** ミナッ | 興味、関心 |
| **minggu** ミングゥ | 週；日曜（Minggu）　→ mingguan |
| *minggu* ini | 今週 |
| **mingguan** ミングアン | 週刊の［minggu 週］ |
| **minta** ミンタ, **meminta** ムミンタ | 要求する、頼む、〜してください　→ permintaan |
| Dia *minta* uang pada ibunya. | 彼は母親にお金が欲しいと言った。 |
| Warga di sini *diminta* menjauhi sungai saat hujan. ここの住民は、雨の時は川から遠ざかるよう要請された。 | |
| **minum** ミヌム | 飲む　→ minuman |
| Kopi ini boléh *diminum*. | このコーヒーは飲んでも良い。 |
| **minuman** ミヌマン | 飲み物［minum 飲む］ |
| *minuman* keras | アルコール飲料 |
| **minyak** ミニャッ | 油 |
| **mirip** ミリップ | 似ている |
| **misalnya** ミサルニャ | 例えば［misal☆］ |
| **miskin** ミスキン | 貧しい　→ kemiskinan |
| **mobil** モビル | 自動車 |
| **modal** モダル | 資本（金） |
| **modérn** モデルン | 近代的な |
| **moga-moga** モガモガ, **semoga** スモガ | 〜でありますように［moga☆］ |
| *Moga-moga* Bapak selalu séhat dan sejahtera. | |

| | いつも健康で平穏でありますように。 |
|---|---|
| **mogok** モゴッ | ストをする、エンストする |
| **mohon** モホン, | 頼む、要請する、〜してください |
| **memohon** ムモホン | → permohonan |

Saya *mohon* agar pertanyaan ini segera dijawab.
　　　　　この質問に早急にご回答くださいますようお願いします。

| **monyét** モニェッ | サル |
|---|---|
| **motor** モトル | モーター、エンジン；バイク → bermotor |
| sepéda *motor* | バイク |
| **mual** ムアル | 吐き気がする |
| **muda** ムダ | 若い；色が薄い → pemuda, pemudi |
| mérah *muda* | ピンク |
| **mudah** ムダ | 簡単な → mudah-mudahan |
| **mudah-mudahan** ムダムダハン | 〜でありますように［mudah 簡単な］ |
| **muka** ムカ | 顔；前 → mengemukakan, permukaan |
| **mula** ムラ | 始め → permulaan, semula |
| **mulai** ムライ | 始まる、〜し始める、〜から → memulai |
| *mulai* membaik | 良くなり始める |

*Mulai* bésok saya tidak akan ikut.　明日から私はもう参加しない。

| **mulut** ムルッ | 口 |
|---|---|
| **muncul** ムンチュル | 現れる |
| **mundur** ムンドゥル | 後退する、バックする |
| **mungkin** ムンキン | 可能な；たぶん → kemungkinan |

Tidak *mungkin* dia menjadi perdana menteri.
　　　　　彼が首相になるなどあり得ない。

*Mungkin* ini penyebab kegagalan.

　　たぶんこれが失敗の原因だろう。

| | |
|---|---|
| **muntah** ムンタ | 吐く |
| **murah** ムラ | 安い |
| **murid** ムリィド | 生徒、教え子、弟子 |
| **murni** ムルニ | （成分などが）純粋な |
| **musik** ムシッ | 音楽 |
| **musim** ムシム | 季節 |
| **musium** ムシウム, **muséum** ムセウム | 博物館、美術館 |
| **muslim** ムスリム | イスラム教徒 |
| **musuh** ムスゥ | 敵 |
| **musyawarah** ムシャワラ | 協議 |
| **mutiara** ムティアラ | 真珠 |
| **mutu** ムトゥ | 質、品質 |
| **Myanmar** ミャンマル | ミャンマー（別名 Birma） |

## N

| | |
|---|---|
| **nadi** ナディ | 脈 |
| **nah** ナー | ほら、さて、では |

*Nah*, ini dia. Foto keluarga saya.

　　ほら、これですよ。私の家族の写真です。

| | |
|---|---|
| **naik** ナイッ | 上がる、乗る　→ kenaikan, menaikkan |
| *naik* bis | バスに乗る |
| **nakal** ナカル | きかんぼう、素行の悪い |
| **nama** ナマ | 名前　→ bernama, menamai, menamakan |
| **namun** ナムン | しかし |

Usulan ini bagus, *namun* bisa menimbulkan masalah.
この提案は良いが、問題を引き起こしかねない。

| | |
|---|---|
| **nanah** ナナ | 膿 |
| **nanas** ナナス | パイナップル |
| **nangka** ナンカ | ジャックフルーツ |
| **nanti** ナンティ | あとで |
|   *nanti* malam | 今晩 |
| **napas** ナパス | 息、呼吸　→ bernapas |
| **narkoba** ナルコバ | 薬物（＝narkotik dan obat） |
| **naséhat** ナセハッ, **nasihat** ナシハッ | 忠告　→ menaséhati, penaséhat |
| **nasi** ナシ | ご飯 |
| **nasib** ナシッブ | 運命 |
| **nasional** ナショナル | 国家の、国の |
| **nasionalisme** ナショナリスモ | ナショナリズム |
| **Natal** ナタル | クリスマス |
| **negara** ヌガラ | 国 |
| **negeri** ヌグリ | 国の、国 |
|   pegawai *negeri* | 公務員 |
| **nelayan** ヌラヤン | 漁師 |
| **nénék** ネネッ | 祖母 |
| **nénék moyang** ネネッ モヤン | 先祖 |
| **ngeri** グリ | ぞっとする |
| **ngomong\*** ゴモン | 話す［omong☆］ |
| **niat** ニアッ | 意思、意図、意向 |
| **nikah** ニカ | ［語幹］　→ menikah, pernikahan |
| **nilai** ニライ | 価値、値、成績　→ menilai |
|   pengumuman *nilai* | 成績・評価の発表 |
| **nol** ノル | ゼロ |

| | |
|---|---|
| **nomor** ノモル | 番号 |
| **nona** ノナ | 未婚女性；〜さん（未婚女性への敬称）、お嬢さん（呼びかけ） |
| **novél** ノフェル | 小説 |
| **Novémber** ノフェンブル, **Nopémber** ノペンブル | 11月 |
| **nuklir** ヌクリル | 核、原子力 |
|    tenaga *nuklir* | 原子力 |
| **Nusantara** ヌサンタラ | ヌサンタラ（インドネシア地域の雅称） |
| **nyaman** ニャマン | 心地よい、快適な |
| **nyamuk** ニャムッ | 蚊 |
| **nyanyi** ニャニ | ［語幹］ → menyanyi(kan), nyanyian, penyanyi |
| **nyanyian** ニャニアン | 歌［nyanyi］ |
| **nyata** ニャタ | 現実の → kenyataan, menyatakan, pernyataan, ternyata |
| **nyawa** ニャワ | 命 |
| **nyenyak** ニュニャッ | ぐっすりと（眠る） |
| **Nyepi** ニュピ | ニュピ（バリヒンドゥーのサカ暦における新年） |
| **nyonya** ニョニャ | 既婚女性：〜さん（既婚女性への敬称）、奥さん（呼びかけ） |

# O

| | |
|---|---|
| **obat** オバッ | 薬 → berobat, mengobati, pengobatan |
| **odol** オドル | 歯磨き粉 |
| **ojék** オジェッ | バイクタクシー |

| | | |
|---|---|---|
| **Oktober** オクトブル | 10月 | |
| **olah** オラ | [語幹] → mengolah, pengolahan | |
| **olahraga** オララガ | スポーツ | |
| **oléh**[1] オレ | ～によって（動作主を導く） | |

Penjahat itu ditangkap *oléh* polisi. その悪人は警察に逮捕された。

| | |
|---|---|
| **oléh**[2] オレ | [語幹] → memperoléh, oléh-oléh |
| **oléh-oléh** オレオレ | みやげ [oléh] |
| **om** オム | おじ |
| **ombak** オンバッ | 波、うねり |
| **ongkos** オンコス | 料金 |
| **operasi** オプラシ | 手術；作戦、稼働 |
| **opname** オプナモ | 入院、入院する |
| **orang** オラン | 人；～人（単位） → seseorang |
|    *orang* tua | 両親；老人 |
|    *seorang* / satu *orang* | 1人 |
| **orang utan** オラン ウタン | オランウータン |
| **oranye** オラニョ | オレンジ色 |
| **organisasi** オルガニサシ | 組織 |
| **otak** オタッ | 脳 |
| **otonomi** オトノミ | 自治 |
| **otot** オトッ | 筋肉 |

## P

| | |
|---|---|
| **pabéan** パベアン | 税関 |
| **pabrik** パブリッ | 工場 |
| **pacar** パチャル | 恋人 → berpacaran |
| **pada** パダ | （時間）～に；（人・物）～へ、～に |
|    *pada* jam satu siang | 午後1時に |

| | | |
|---|---|---|
| | benci *pada* pria itu | その男性が嫌いだ |
| **padahal** パダハル | | ～にも関わらず |

Pemuda itu membeli mobil méwah *padahal* gajinya kecil.
その青年が給料が少ないにも関わらず高級車を買った。

| | | |
|---|---|---|
| **padam** パダム | | （火などが）消える　→ pemadam |
| **padat** パダッ | | 密な、詰まった、固体の、固い |

Kawasan ini *padat* penduduknya.
この地域は人口が密集している。

| | | |
|---|---|---|
| **padi** パディ | | 稲 |
| **pagar** パガル | | 塀 |
| **pagi** パギ | | 朝　→ pagi-pagi |
| **pagi-pagi** パギパギ | | 朝早く［pagi 朝］ |
| **paha** パハ | | 太もも |
| **paham** パハム | | 理解する、わかる　→ memahami |
| **pahit** パヒッ | | 苦い |
| **pahlawan** パフラワン | | 英雄 |
| **pajak** パジャッ | | 税金 |
| **Pak** パッ | | ～さん（男性への敬称）、男性への呼びかけ |
| *Pak* Ali | | アリ氏、アリさん |
| **pakai** パカイ | | ［語幹］　→ memakai, pakaian, pemakai, pemakaian |
| **pakaian** パカイアン | | 服、衣類［pakai］ |
| **pakar** パカル | | 専門家 |
| **pakét** パケッ | | 小包 |
| **paksa** パクサ | | 強制の　→ memaksa, terpaksa |
| kerja *paksa* | | 強制労働 |
| **paku** パクゥ | | 釘 |

| | |
|---|---|
| **paling** パリン | 最も |

Gunung Fuji *paling* tinggi di seluruh Jepang.
富士山は日本中で最も高い。

| | |
|---|---|
| *paling* tidak | 少なくとも |
| **palsu** パルスゥ | 偽の |
| **paman** パマン | おじ |
| **paméran** パメラン | 展覧会 [pamér☆] |
| **panas** パナス | 暑い、熱い → kepanasan, memanaskan |
| **Pancasila** パンチャシラ | パンチャシラ（建国五原則） |
| **panci** パンチ | 鍋 |
| **pandai** パンダイ | 上手な、賢い |
| **pandan** パンダン | パンダヌス（植物、葉を菓子の香りづけに使う） |
| **pandang** パンダン | [語幹] → memandang, pandangan, pemandangan |
| **pandangan** パンダガン | 見解、見方 [pandang] |
| **panén** パネン | 収穫 |
| **pangan** パガン | 食料、食糧 |
| masalah *pangan* | 食糧問題 |
| **panggang** パンガン | あぶった、焼いた → memanggang |
| **panggil** パンギル | [語幹] → memanggil, panggilan |
| **panggilan** パンギラン | 呼び名、呼び出し [panggil] |
| **panggung** パングン | 舞台 |
| **pangkal** パンカル | 根元、根本 → pangkalan |
| **pangkalan** パンカラン | 基地 [pangkal 根元] |
| **pangkat** パンカッ | 階級、地位、ランク |
| **panitia** パニティア | 委員会 |
| **panjang** パンジャン | 長い → memperpanjang, perpan- |

| | | jangan |
|---|---|---|
| **pantai** パンタイ | | 海岸、ビーチ |
| **pantas** パンタス | | ふさわしい、合う、道理で |

Ia *pantas* menjadi calon présidén. 彼は大統領候補にふさわしい。

Saya kurang tidur.—*Pantas* kamu kelihatan pucat.

　　　　　　　私は寝不足だ。―道理で君は顔色が良くない。

| **pantat** パンタッ | 尻 |
|---|---|
| **papan** パパン | 板 |
| **para** パラ | ～たち |
| *para* petani | 農民たち |
| **parah** パラ | 重体の、ひどい、重い |
| kemacétan yang *parah* | ひどい渋滞 |
| **parkir** パルキル | 駐車、駐車する |
| **parlemén** パルレメン | 議会 |
| **partai** パルタイ | 党 |
| **paru-paru** パルゥパルゥ | 肺 |
| **pas** パス | ぴったり、ちょうど |
| harga *pas* | 定価 |
| **pasal** パサル | 条項 |
| **pasang** パサン | ～組、～足（単位）　→ memasang, pasangan |
| *sepasang* sepatu | 一足の靴 |
| **pasangan** パサガン | ペア［pasang］ |
| **pasar** パサル | 市場　→ pasaran |
| **pasar swalayan** パサルスワラヤン | スーパーマーケット |
| **pasaran** パサラン | 市場［pasar 市場］ |
| *pasaran* dunia | 世界市場 |
| **pasién** パシエン | 患者 |

| | |
|---|---|
| **pasir** パシル | 砂 |
| **pasokan** パソカン | 供給 [pasok☆] |
| **paspor** パスポル | パスポート |
| **pasti** パスティ | 確かな、決まった；きっと → kepastian, memastikan |
| belum *pasti* | まだ決まっていない |
| **pasukan** パスカン | 部隊 |
| *Pasukan* Bela Diri Jepang | (日本の) 自衛隊 |
| **patah** パタ | 折れる |
| **patung** パトゥン | 像、彫像 |
| **patut** パトゥッ | ふさわしい；〜すべきである |
| *patut* dihargai | 評価されるべきだ |
| **paus** パウス | クジラ |
| **payah** パヤ | 疲れた、困った、大変な |
| **payudara** パユダラ | 乳房 |
| **payung** パユン | 傘 |
| **PBB** ペーベーベー | 国際連合 (=Perserikatan Bangsa-Bangsa) |
| **pecah** プチャ | 割れる、分裂する → memecahkan |
| **péci** ペチ | イスラム帽 |
| **pedagang** プダガン | 商人 [dagang 商売] |
| **pedalaman** プダラマン | 奥地 [dalam 深い] |
| **pedas** プダス | 辛い |
| **pedésaan** プデサアン | 村落部 [désa 村] |
| **peduli** プドゥリ | 気にする、気にかける |
| *peduli* pada / akan / dengan 〜 | 〜を気にかける |
| **pegawai** プガワイ | 職員、社員 |
| **pegunungan** プグヌガン | 山岳地帯、山地 [gunung 山] |

| | |
|---|---|
| **pejabat** プジャバッ | 役人、官僚 [jabat] |
| **peka** プカ | 敏感な |
| **pekan** プカン | 週 |
| **pekarangan** プカラガン | 庭 [karang☆] |
| **pekerja** プクルジャ | 働く人、労働者 [kerja 仕事] |
| **pekerjaan** プクルジャアン | 仕事、作業、職業 [kerja 仕事] |
| **pelabuhan** プラブハン | 港 [labuh☆] |
| **pelacur** プラチュル | 売春婦 [lacur☆] |
| **pelajar** プラジャル | 学習者、学生 [ajar] |
| **pelajaran** プラジャラン | 学習、勉強、レッスン [ajar] |
| **pelaksanaan** プラクサナアン | 実施 [laksana] |
| **pelan** プラン | ゆっくり、ゆっくりと |
| **pelangi** プランギ | 虹 |
| **pelari** プラリ | ランナー [lari 走る] |
| **pelatih** プラティ | コーチ [latih] |
| **pelayan** プラヤン | 店員、係員 [layan] |
| **pelayanan** プラヤナン | サービス、対応 [layan] |
| **pelihara** プリハラ | [語幹] → memelihara, pemeliharaan |
| **pelit** プリッ | けちな |
| **peluang** プルアン | 機会 |
| **peluk** プルッ | [語幹] → memeluk, pemeluk |
| **pelukis** プルキス | 画家 [lukis] |
| **pemadam** プマダム | 消火器、消防士 [padam 消える] |
| alat *pemadam* api | 消火器 |
| petugas *pemadam* kebakaran | 消防士 |
| **pemain** プマイン | 選手、演者、奏者 [main] |
| **pemakai** プマカイ | 使用者、利用者 [pakai] |

| | | |
|---|---|---|
| **pemakaian** プマカイアン | 使用、利用 [pakai] | |
| **pemalas** プマラス | 怠け者、怠け者の [malas 怠けた] | |
| **pemalu** プマルゥ | 恥ずかしがり、恥ずかしがりの [malu 恥ずかしい] | |
| **pemandangan** プマンダガン | 景色、光景 [pandang] | |
| **pembaca** プンバチャ | 読む人、読者 [baca] | |
| **pembagian** プンバギアン | 分配、分割 [bagi] | |
| **pembangkit** プンバンキッ | 発電所 [bangkit] | |
|    *pembangkit* listrik tenaga nuklir　原子力発電所 (=PLTN) | | |
| **pembangunan** プンバグナン | 開発、建設 [bangun 起きる] | |
| **pembantu** プンバントゥ | お手伝いさん、補佐 [bantu] | |
| **pembaruan** プンバルアン | 刷新 [baru 新しい] | |
| **pembayaran** プンバヤラン | 支払い [bayar] | |
| **pembébasan** プンベバサン | 解放、釈放 [bébas 自由な] | |
| **pembeli** プンブリ | 買い手 [beli] | |
| **pembelian** プンブリアン | 購入 [beli] | |
| **pembentukan** プンブントゥカン | 結成、形成 [bentuk 形] | |
| **pemberian** プンブリアン | 与えること、付与、授与 [beri] | |
| **pemberitahuan** プンブリタウアン | 連絡、知らせ [beritahu] | |
| **pembersihan** プンブルシハン | 清掃 [bersih 清潔な] | |
| **pembicara** プンビチャラ | 話し手 [bicara] | |
| **pembicaraan** プンビチャラアン | 話、話し合い [bicara] | |
| **pembimbing** プンビンビン | 指導者、指導教官 [bimbing] | |
| **pembuangan** プンブアガン | 廃棄、廃棄場 [buang] | |
| **pembuatan** プンブアタン | 製作、作成 [buat] | |
| **pembukaan** プンブカアン | 開くこと、開会 [buka 開いている] | |
| **pembunuhan** プンブヌハン | 殺人 [bunuh] | |
| **pemeliharaan** プムリハラアン | 飼育、保護、保全 [pelihara] | |

| | | |
|---|---|---|
| **pemeluk** プムルッ | 信者 [peluk] | |
| **pemeriksaan** プムリクサアン | 検査、診察、調査 [periksa] | |
| **pemerintah** プムリンタ | 政府 [perintah 命令] | |
| **pemerintahan** プムリンタハン | 政権 [perintah 命令] | |
| **pemikiran** プミキラン | 思考 [pikir 考える] | |
| **pemilihan** プミリハン | 選択、選出、選挙 [pilih] | |
|   *pemilihan* umum | 総選挙（=pemilu） | |
| **pemilik** プミリッ | 所有者 [milik 所有物] | |
| **pemimpin** プミンピン | 指導者、リーダー [pimpin] | |
| **pemuda** プムダ | 若者、青年 [muda 若い] | |
| **pemudi** プムディ | 若者（女性）[muda 若い] | |
| **péna** ペナ | ペン | |
| **penakut** プナクッ | 臆病な、臆病者 [takut 怖い] | |
| **penambahan** プナンバハン | 追加、たし算 [tambah さらに] | |
| **penampilan** プナンピラン | 見かけ [tampil 登場する] | |
| **penanaman** プナナマン | 栽培；投資 [tanam] | |
| **penari** プナリ | 踊り手 [tari 踊り] | |
| **penaséhat** プナセハッ | 顧問、アドバイザー [naséhat 忠告] | |
| **pencopét** プンチョペッ | スリ [copét スリ] | |
| **pencuri** プンチュリ | 盗人 [curi] | |
| **pencurian** プンチュリアン | 盗み [curi] | |
| **pendaftaran** プンダフタラン | 登録、申し込み [daftar リスト] | |
| **pendapat** プンダパッ | 意見 [dapat 〜できる] | |
| **pendapatan** プンダパタン | 収入、所得 [dapat 〜できる] | |
| **péndék** ペンデッ | 短い、背が低い | |
| **pendekatan** プンドゥカタン | アプローチ、接近 [dekat 近い] | |
| **pendengar** プンドゥガル | 聞き手、リスナー [dengar] | |
| **penderita** プンドゥリタ | 被害者 [derita] | |

| | |
|---|---|
| **pendéta** プンデタ | 祭司 |
| **pendiam** プンディアム | 無口な人、無口な [diam 黙っている] |
| **pendidikan** プンディディカン | 教育 [didik] |
| **penduduk** プンドゥドゥッ | 住民、人口 [duduk 座る] |
| **pendudukan** プンドゥドゥカン | 占領 [duduk 座る] |
| **pendukung** プンドゥクン | 支持者 [dukung] |
| **peneliti** プヌリティ | 調査者、研究者 [teliti 細かい] |
| **penelitian** プヌリティアン | 調査 [teliti 細かい] |
| **penemuan** プヌムアン | 発見 [temu] |
| **penerbangan** プヌルバガン | 航空、(飛行機の) 便 [terbang 飛ぶ] |
| **penerbit** プヌルビッ | 出版社 [terbit 出版される] |
| **penerimaan** プヌリマアン | 受け取り、受け入れ [terima] |
| **penerjemah** プヌルジュマ, **penterjemah** プントゥルジュマ | 通訳者、翻訳者 [terjemah] |
| **pengacara** プガチャラ | 弁護士 [acara 予定] |
| **pengadilan** プガディラン | 裁判、裁判所 [adil 公正な] |
| **pengairan** プガイラン | 灌漑 [air 水] |
| **pengajar** プガジャル | 教師 [ajar] |
| **pengajaran** プガジャラン | 教えること、教授、教育 [ajar] |
| **pengakuan** プガクアン | 自認、自白 [aku おれ] |
| **pengalaman** プガラマン | 経験、体験 [alam 自然] |
| **pengamat** プガマッ | 監視者、評論家 [amat] |
| **pengamatan** プガマタン | 観察、監視 [amat] |
| **pengambilan** プガンビラン | 取ること、取得 [ambil] |
| **pengangguran** プガングラン | 失業、失業者 [anggur] |
| **pengantar** プガンタル | 案内者；序文 [antar] |
| bahasa *pengantar* | 学校教育に使用される言語 |
| **pengantin** プガンティン | 新郎新婦 |

| | | |
|---|---|---|
| **penganut** プガヌッ | 信者 [anut] | |
| **pengarang** プガラン | 筆者、作家 [karang] | |
| **pengaruh** プガルゥ | 影響 → berpengaruh, mempengaruhi | |
| **pengasuh** プガスゥ | 子守り、世話する人 [asuh] | |
| **pengawasan** プガワサン | 監視 [awas 注意深い] | |
| **pengecut** プグチュッ | 臆病者、臆病な [kecut☆] | |
| **pengelolaan** プグロラアン | 運営、経営 [kelola] | |
| **pengeluaran** プグルアラン | 出すこと、支出、排出 [keluar 出る] | |
| **pengembangan** プグンバガン | 発展、展開 [kembang 花] | |
| **pengemis** プグミス | 乞食 [kemis☆] | |
| **pengemudi** プグムディ | 運転手 [kemudi かじ] | |
| **pengertian** プグルティアン | 理解 [erti] | |
| **pengetahuan** プグタフアン | 知識 [tahu 知る] | |
| **pengganti** プンガンティ | 代わり（の人）、後任 [ganti 代わり] | |
| **penggantian** プンガンティアン | 交替、交換、補償 [ganti 代わり] | |
| **penggaris** プンガリス | 定規 [garis 線] | |
| **penggoréngan** プンゴレガン | 中華鍋 [goréng] | |
| **penggunaan** プングナアン | 使用、利用 [guna 用途] | |
| **penghapus** プンハプス | 消す道具 [hapus] | |
|   karét *penghapus* | 消しゴム | |
| **penghargaan** プンハルガアン | 尊重、表彰 [harga 価値] | |
| **penghasilan** プンハシラン | 生産高、収穫量、収入 [hasil 成果] | |
| **penginapan** プギナパン | 宿 [inap] | |
| **pengiriman** プギリマン | 送付 [kirim] | |
| **pengobatan** プゴバタン | 治療 [obat 薬] | |
| **pengolahan** プゴラハン | 加工 [olah] | |
| **penguasaan** プグアサアン | 支配：習得 [kuasa 権力] | |

| | | |
|---|---|---|
| **pengumuman** プグムマン | 発表、公表 [umum 一般の] | |
| **pengungsi** プグンシ | 避難民 [ungsi] | |
| **pengurus** プグルス | 担当者、執行部、運営幹部 [urus] | |
| **pengusaha** プグサハ | 実業家、企業家、経営者 [usaha 事業] | |
| **peningkatan** プニンカタン | 上昇、増加、向上 [tingkat レベル] | |
| **penjaga** プンジャガ | 警備員 [jaga 目が覚めている] | |
| **penjahat** プンジャハッ | 悪人、犯罪者 [jahat 悪人の] | |
| **penjajahan** プンジャジャハン | 占領、植民地支配 [jajah] | |
| **penjara** プンジャラ | 刑務所 | |
| **penjelasan** プンジュラサン | 解説、説明 [jelas 明らかな] | |
| **penjualan** プンジュアラン | 販売、売り上げ [jual] | |
| **penonton** プノントン | 観客、視聴者 [tonton] | |
| **pénsil** ペンシル | 鉛筆 | |
| **pénsiun** ペンシウン | 定年、定年退職する；年金 | |
| **penting** プンティン | 重要な → kepentingan | |
| **penuh** プヌゥ | いっぱいの、満ちた → memenuhi | |

Sungai ini *penuh* dengan sampah. この川はゴミでいっぱいだ。

| | | |
|---|---|---|
| **penulis** プヌリス | 筆者、作家 [tulis] |
| **penumpang** プヌンパン | 乗客 [tumpang☆] |
| **penurunan** プヌルナン | 低下 [turun 下がる] |
| **penutup** プヌトゥプ | 蓋；結びの言葉 [tutup 閉まっている] |
| **penutupan** プヌトゥパン | 閉めること、閉鎖 [tutup 閉まっている] |
| **penyakit** プニャキッ | 病気 [sakit 病気の] |
| **penyanyi** プニャニィ | 歌手 [nyanyi] |
| **penyebab** プニュバッブ | 原因 [sebab 理由] |
| **penyelamatan** プニュラマタン | 救出 [selamat 無事な] |
| **penyelesaian** プニュルサイアン | 完遂、解決 [selesai 完了する] |
| **penyu** プニュゥ | ウミガメ |

| | |
|---|---|
| **pepaya** プパヤ | パパイヤ |
| **pépés** ペペス | バナナの葉で肉・魚を包んだ蒸し焼き |
| **per** プル | ～につき、～分の…（分数） |
| tiga jam *per* hari | 一日につき3時間 |
| **perabot** プラボッ | 道具、家具 |
| **perahu** プラフウ | 船、ボート |
| **pérak** ペラッ | 銀 |
| **peralatan** プルアラタン | 道具、機器 ［alat 道具］ |
| **perampok** プランポッ | 強盗犯 ［rampok 強盗］ |
| **peran** プラン | 役、役割 → berperan |
| **perang** プラン | 戦争 → berperang |
| **perangko** プランコ | 切手 |
| **perasaan** プラサアン | 気持ち、感情 ［rasa 感じ］ |
| **peraturan** プラトゥラン | 規則、規定 ［atur］ |
| **perawan** プラワン | 処女 |
| **perawat** プラワッ | 看護師 ［rawat］ |
| **perbaikan** プルバイカン | 修理、改良 ［baik 良い］ |
| **perban** プルバン | 包帯 |
| **perbandingan** プルバンディガン | 比較、対照 ［banding］ |
| **perbankan** プルバンカン | 銀行業 ［bank 銀行］ |
| **perbatasan** プルバタサン | 境界 ［batas 境界］ |
| **perbédaan** プルベダアン | 差異 ［béda 違い］ |
| **perbuatan** プルブアタン | 行為 ［buat］ |
| **percakapan** プルチャカパン | 会話 ［cakap］ |
| **percaya** プルチャヤ | 信じる → kepercayaan, mempercayai |
| *percaya* pada Tuhan | 神を信じる |
| **perceraian** プルチュライアン | 離婚 ［cerai 離婚する］ |
| **percobaan** プルチョバアン | 試し、検査、テスト ［coba］ |

| | | |
|---|---|---|
| **percuma** プルチュマ | 無駄になる；無料の [cuma] | |
| **perdagangan** プルダガガン | 商業、商売、貿易 [dagang 商売] | |
| **perdamaian** プルダマイアン | 平和、和平 [damai 平和な] | |
| **perdana menteri** プルダナムントゥリ | 首相 | |
| **perékonomian** プルエコノミアン | 経済（情勢）[ékonomi 経済] | |
| **perempatan** プルンパタン | 交差点 [empat 四] | |
| **perempuan** プルンプアン | 女 | |
| **perencanaan** プルンチャナアン | 計画立案 [rencana 予定] | |
| **pergantian** プルガンティアン | 交代 [ganti 代わり] | |
| **pergaulan** プルガウラン | 付き合い、交際 [gaul] | |
| **pergelangan** プルグラガン | 手首、足首 [gelang ブレスレット] | |
| *pergelangan* tangan | 手首 | |
| **pergi** プルギ | 行く | |
| **perguruan** プルグルアン | 教育機関 [guru] | |
| *perguruan* tinggi | 高等教育機関 | |
| **perhatian** プルハティアン | 注意、関心 [hati 心] | |

Dia mencari *perhatian* orang tuanya.　彼は両親の関心を求めている。

| | | |
|---|---|---|
| **perhentian** プルフンティアン | 停留所 [henti] |
| **perhiasan** プルヒアサン | アクセサリー、装飾品 [hias] |
| **perhitungan** プルヒトゥガン | 計算 [hitung] |
| **peribahasa** プリバハサ | ことわざ |
| **perikanan** プルイカナン | 水産、漁業 [ikan 魚] |
| **periksa** プリクサ | [語幹] → memeriksa, pemeriksaan |
| **peringatan** プリンガタン | 注意、警告；記念 [ingat 思い出す] |
| **perintah** プリンタ | 命令、指令 → memerintah(kan), pemerintah, pemerintahan |
| **peristiwa** プリスティワ | 事件、出来事 |
| **perjalanan** プルジャラナン | 旅行、行程 [jalan 道] |

| | | |
|---|---|---|
| **perjanjian** プルジャンジアン | 約束、協定 [janji 約束] | |
| **perjuangan** プルジュアガン | 闘争 [juang] | |
| **perkantoran** プルカントラン | オフィス街 [kantor 事務所] | |
| **perkara** プルカラ | 事柄、事件 | |
| **perkawinan** プルカウィナン | 結婚 [kawin 結婚する] | |
| **perkebunan** プルクブナン | 農園、プランテーション [kebun 畑] | |
| **perkembangan** プルクンバガン | 発展、展開 [kembang 花] | |
| **perkenalan** プルクナラン | 紹介 [kenal 知っている] | |
| **perkiraan** プルキラアン | 予想、予測 [kira 思う] | |
| **perkotaan** プルコタアン | 市街地 [kota 町] | |
| **perlengkapan** プルルンカパン | 装備、設備 [lengkap 備わった] | |
| **perlindungan** プルリンドゥガン | 保護 [lindung] | |
| **perlu** プルルゥ | 必要な → keperluan, memerlukan | |

Saya *perlu* berolahraga setiap hari.　私は毎日運動する必要がある。

| | | |
|---|---|---|
| **perluasan** プルルアサン | 拡張、拡大 [luas 広い] | |
| **permainan** プルマイナン | 遊び、(スポーツの) プレー、演奏、演技 [main] | |
| **permasalahan** プルマサラハン | 問題 [masalah 問題] | |
| **permata** プルマタ | 宝石 | |
| **permén** プルメン | 飴 | |
| **permintaan** プルミンタアン | 要求、依頼、需要 [minta 頼む] | |
| **permisi** プルミシ | 失礼する：すみません | |

Saya mau *permisi* dulu.　先に失礼します。
*Permisi* Pak, boléh saya masuk?　すみません、入ってもいいですか?

| | | |
|---|---|---|
| **permohonan** プルモホナン | 要求、依頼 [mohon 頼む] | |
| **permukaan** プルムカアン | 表面 [muka 顔] | |
| **permulaan** プルムラアン | 初め、始めの部分 [mula 始め] | |
| **pernah** プルナ | 〜したことがある | |

| | |
|---|---|
| Sudah *pernah* ke sana? | そこに行ったことがあるか? |
| **pernikahan** プルニカハン | 結婚 [nikah] |
| **pernyataan** プルニャタアン | 発言、表明 [nyata 現実の] |
| **perpanjangan** プルパンジャガン | 延長 [panjang 長い] |
| **perpustakaan** プルプスタカアン | 図書館 [pustaka 書籍] |
| **pérs** ペルス | 報道機関 |
| **persahabatan** プルサハバタン | 友好 [sahabat 親友] |
| **persaingan** プルサイガン | 競争 [saing] |
| **persamaan** プルサマアン | 共通点 [sama 同じ] |
| **persatuan** プルサトゥアン | 統一 [satu 一] |
| **persegi** プルスギ | 〜角形;平方 [segi 角度] |
|   *persegi* empat | 四角形 |
|   seratus méter *persegi* | 100 平方メートル |
| **persén** プルセン | パーセント |
| **persetujuan** プルストゥジュアン | 同意、協定 [tuju / setuju 賛成である] |
| **persiapan** プルシアパン | 準備、用意 [siap 用意した] |
| **persis** プルシス | ちょうど、ぴったり、まさに |
| **persoalan** プルソアラン | 問題 [soal 問題] |
| **persyaratan** プルシャラタン | 条件、前提 [syarat 条件] |
| **pertahanan** プルタハナン | 防衛、守備、抵抗力 [tahan もつ] |
| **pertama** プルタマ | 最初の、一番目の |
| **pertambahan** プルタンバハン | 増加 [tambah さらに] |
| **pertambangan** プルタンバガン | 鉱業 [tambang 鉱山] |
| **pertandingan** プルタンディガン | 試合 [tanding] |
| **pertanian** プルタニアン | 農業 [tani] |
| **pertanyaan** プルタニャアン | 質問 [tanya] |
| **pertempuran** プルトゥンプラン | 戦闘 [tempur☆] |
| **pertemuan** プルトゥムアン | 会合、集まり [temu] |

| | | |
|---|---|---|
| **pertengahan** プルトゥガハン | | 中頃、中旬 [tengah 真ん中] |
| **pertimbangan** プルティンバガン | | 検討、考慮 [timbang 重さ] |
| **pertukaran** プルトゥカラン | | 交換 [tukar] |
| **pertumbuhan** プルトゥンブハン | | 成長 [tumbuh 生える] |
| **pertunjukan** プルトゥンジュカン | | 上演、公演 [tunjuk] |
| **perubahan** プルバハン | | 変化、変更 [ubah] |
| **perumahan** プルマハン | | 住宅（地）[rumah 家] |
| **perundingan** プルンディガン | | 交渉、相談 [runding] |
| **perusahaan** プルウサハアン | | 企業 [usaha 事業] |
| **perut** プルッ | | 腹 |
| **perwakilan** プルワキラン | | 代表部 [wakil 代表] |
| **perwira** プルウィラ | | 将校 |
| **pesan** プサン | | 伝言、メッセージ → memesan |
| **pesantrén** プサントレン | | イスラム寄宿学校 |
| **pesat** プサッ | | 急速な |
| perkembangan *pesat* | | 急速な成長 |
| **pesawat (terbang)** プサワッ（トゥルバン） | | |
| | | 飛行機 |
| **peserta** プスルタ | | 参加者 [serta 伴って] |
| **pésta** ペスタ | | パーティ |
| **peta** プタ | | 地図 |
| **petang** プタン | | 夕方 |
| **petani** プタニ | | 農民 [tani] |
| **peternakan** プトゥルナカン | | 畜産 [ternak 家畜] |
| **peti** プティ | | 箱、ケース |
| **petinju** プティンジュ | | ボクサー [tinju ボクシング] |
| **petir** プティル | | 雷 |
| **petugas** プトゥガス | | 係官 [tugas 任務] |

| | | |
|---|---|---|
| **petunjuk** プトゥンジュッ | 指示、標識、説明書 [tunjuk] | |
| **piala** ピアラ | カップ、杯 | |
| *piala* dunia | ワールドカップ | |
| **pidato** ピダト | 演説、スピーチ | |
| **pihak** ピハッ | 側、〜サイド | |

Jepang menyatakan *pihaknya* akan mengikuti perundingan perdagangan itu.　日本側はその貿易交渉に参加すると表明した。

| | |
|---|---|
| **pikir** ピキル | 考える、考え → berpikir, memikirkan, pemikiran, pikiran |
| **pikiran** ピキラン | 考え [pikir 考える] |
| **pilih** ピリ | [語幹] → memilih, pemilihan, pilihan |
| **pilihan** ピリハン | 選択、選択肢 [pilih] |
| **pimpin** ピンピン | [語幹] → kepemimpinan, memimpin, pemimpin, pimpinan |
| **pimpinan** ピンピナン | 指導部 [pimpin] |
| **pindah** ピンダ | 移る、移動する、引越す |
| **pinggang** ピンガン | 腰 |
| **pinggir** ピンギル | 端、縁 |
| *pinggir* jalan | 道端 |
| **pingsan** ピンサン | 気絶する、倒れる |
| **pinjam** ピンジャム | [語幹] → meminjam, meminjamkan, pinjaman |
| **pinjaman** ピンジャマン | 借款、借り入れ [pinjam] |
| **pintar** ピンタル | 賢い、利口な |
| **pintu** ピントゥ | ドア、ゲート |
| *pintu* masuk | 入り口 |
| **pipi** ピピ | 頬 |

| | | |
|---|---|---|
| **piring** ピリン | 皿 | |
| **pisah** ピサ | 別れた、離れた　→ berpisah, memisahkan, terpisah | |
| **pisang** ピサン | バナナ | |
| **pisau** ピソウ | ナイフ、刃物 | |
| **plastik** プラスティッ | ビニール、プラスチック | |
| **pléster** プレステル | ばんそうこう | |
| **pohon** ポホン | 木、樹木 | |
| **pojok** ポジョッ | 角、隅、コーナー、欄 | |
| **pokok** ポコッ | 核心、根本、要点 | |
| 　harga *pokok* | 原価 | |
| **pola** ポラ | パターン、型、モデル | |
| 　*pola* pikir | 考え方 | |
| **polisi** ポリシ | 警官、警察　→ kepolisian | |
| **politik** ポリティッ | 政治 | |
| **pompa** ポンパ | ポンプ | |
| 　*pompa* bénsin | ガソリンスタンド | |
| **pondok** ポンドッ | 小屋、あばら家 | |
| **ponsél** ポンセル | 携帯電話（＝télépon sélular） | |
| **porsi** ポルシ | 〜人前（単位） | |
| **Portugis** ポルトゥギス, **Portugal** ポルトゥガル | ポルトガル | |
| **pos** ポス | 郵便 | |
| 　kantor *pos* | 郵便局 | |
| **posisi** ポシシ | 立場、位置 | |
| **potong** ポトン | 〜切れ（単位）　→ memotong, potongan | |
| **potongan** ポトガン | スタイル、型：値引き［potong］ | |

| | |
|---|---|
| *potongan* badan | 体型 |
| **potrét** ポトレッ | 写真　→ berpotrét, memotrét |
| **prajurit** プラジュリッ | 軍人、兵士 |
| **pramugari** プラムガリ | スチュワーデス |
| **Prancis, Perancis** プランチス | フランス |
| **prasarana** プラサラナ | インフラ |
| **préman** プレマン | ヤクザ、ならず者 |
| **présidén** プレシデン | 大統領、会長、社長 |
| **préstasi** プレスタシ | 達成度、評価 |
| **pria** プリア | 男性 |
| **pribadi** プリバディ | 個人 |
| **pribumi** プリブミ | インドネシア土着の人 |
| **produk** プロドゥッ | 製品、商品 |
| **produksi** プロドゥクシ | 生産、製造 |
| **program** プログラム | プログラム、番組 |
| **prosedur** プロセドゥル | 手続き |
| **prosés** プロセス | プロセス、処理、手続き |
| **protés** プロテス | 抗議 |
| **Protéstan** プロテスタン | プロテスタント |
| **provinsi** プロフィンシ | 州 |
| **proyék** プロイェッ | プロジェクト |
| **PT** ペーテー | 株式会社（=Perséroan Terbatas） |
| **puas** プアス | 満足した　→ memuaskan |
| **puasa** プアサ | 断食、断食する　→ berpuasa |
| **pucat** プチャッ | 青白い顔の |
| **pucuk** プチュッ | つぼみ；～通、～本（単位） |
| **puisi** プイシ | 詩 |
| **pukul** プクル | ～時　→ memukul, memukul- |

|   |   |
|---|---|
|   | mukul, memukuli |
| *pukul* sepuluh malam | 午後 10 時 |
| **pula** プラ | 〜もまた：いったい |
| Ada yang telah kembali, ada *pula* yang belum. | すでに戻ってきたのもいれば、まだのもいる。 |
| Siapa *pula* anak itu? | いったいその子供は誰なのか？ |
| **pulang** プーラン | 帰る |
| **pulau** プロウ | 島  → kepulauan |
| **pulih** プリ | 回復する、治る |
| **pulpén** プルペン | 万年筆 |
| **pulsa** プルサ | （電話の）利用可能残額 |
| membeli *pulsa* HP | 携帯電話の通話料を買う（プリペイド式で支払う） |
| **puluh** プルゥ | 〜十 → berpuluh-puluh, puluhan |
| *sepuluh* | 10 |
| dua *puluh* | 20 |
| **puluhan** プルハン | 何十も、〜十代 ［puluh 〜十］ |
| tahun enam *puluhan* | 60 年代 |
| **pun** プン | 〜もまた：(疑問詞を伴って) 〜でも、〜さえも |
| Di mana *pun* kita bisa hidup. | 私たちはどこでも生きることができる。 |
| Bangun *pun* tidak bisa. | 起きることさえもできない。 |
| **puncak** プンチャッ | 頂上、ピーク |
| **punggung** プングン | 背中、背骨 |
| **punya** プニャ | 持つ：所有物 → mempunyai |
| *punya* saya | 私の物 |
| **pupuk** ププッ | 肥料 |
| **pura-pura** プラプラ | 〜のふりをする ［pura☆］ |

| | |
|---|---|
| **purnama** プルナマ | 満月 |
| **pusar** プサル | へそ |
| **pusat** プサッ | 中心；〜センター |
| **pusing** プシン | 頭痛がする、めまいがする |
| **pustaka** プスタカ | 書籍、文献　→ perpustakaan |
| **putar** プタル | ［語幹］　→ berputar, memutar(kan) |
| **putih** プティ | 白、白い |
| **putra** プトラ | お子さん（男）、王子 |
| **putri** プトリ | お子さん（女）、王女 |
| **putus** プトゥス | 切れた　→ keputusan, memutuskan |

## Q

**Qur'an** クルアン, **Quran** クルアン　コーラン（Kur'an, Kuran とも書く）

## R

| | |
|---|---|
| **Rabu** ラブゥ | 水曜 |
| **racun** ラチュン | 毒　→ keracunan |
| **radang** ラダン | 炎症 |
| **radio** ラディオ | ラジオ |
| **ragam** ラガム | 様式、スタイル　→ seragam |
| **ragu-ragu** ラグゥラグゥ | ためらう、迷う［ragu☆］ |
| **rahasia** ラハシア | 秘密、秘訣 |
| **raja** ラジャ | 王　→ kerajaan |
| **rajin** ラジン | 勤勉な、まじめな　→ kerajinan |
| **rakyat** ラッヤッ | 国民、民衆 |
| **Ramadan** ラマダン | イスラム教の断食月 |
| **ramah** ラマ | 愛想のよい |
| **ramai** ラマイ | にぎやかな、混んだ |

| | | |
|---|---|---|
| **rambut** ランブッ | 髪 | |
| **rambutan** ランブタン | ランブータン（東南アジア原産の果樹） | |
| **rampok** ランポッ | 強盗　→ merampok, perampok | |
| **rangka** ランカ | 枠組み | |

Saya datang ke Indonésia dalam *rangka* pelatihan kerja.
　　　　　　　　　　私は仕事の研修でインドネシアに来た。

| | |
|---|---|
| **rapat** ラパッ | 会議 |
| **rapi** ラピ | （部屋や服が）きちんとした、整った |
| **rasa** ラサ | 味、感じ　→ merasa, merasakan, perasaan, rasanya, terasa |
| **rasanya** ラサニャ | ～ような気がする［rasa 感じ］ |

*Rasanya* dia berbohong.　　彼は嘘をついている気がする。

| | |
|---|---|
| **rata** ラタ | 平らな　→ rata-rata |
| **rata-rata** ラタラタ | 平均［rata 平らな］ |
| **ratu** ラトゥ | 女王 |
| **ratus** ラトゥス | ～百 |
| *seratus* | 100 |
| **rawat** ラワッ | ［語幹］　→ merawat, perawat |
| **raya** ラヤ | 偉大な、大～　→ merayakan |
| hari *raya* | 祝日 |
| jalan *raya* | 大通り |
| **reda** ルダ | おさまる、静まる |
| Hujan baru saja *reda*. | 雨は止んだばかりだ。 |
| **rekam** ルカム | ［語幹］　→ merekam, rekaman |
| **rekaman** ルカマン | 録音・録画したもの［rekam］ |
| **rekan** ルカン | 同僚 |
| **rékening** レクニン | 口座 |
| **rékor** レコル | （スポーツなどの）記録 |

| | |
|---|---|
| memecahkan *rékor* | 記録を破る |
| **réktor** レクトル | 学長 |
| **réla** レラ | 〜してもかまわない、自ら〜する |
| *réla* menolong korban | 犠牲者を進んで助ける |
| **rém** レム | ブレーキ → mengerém |
| **remaja** ルマジャ | 若者 |
| **rempah-rempah** ルンパルンパ | 香辛料、スパイス ［rempah☆］ |
| **rencana** ルンチャナ | 計画、予定 → berencana, merencanakan, perencanaan |
| **rendah** ルンダ | 低い |
| **répot** レポッ | 忙しい、煩わしい → merépotkan |
| Jangan *répot-répot*! | お構いなく！ |
| **resép** レセップ | 処方箋、レシピ |
| **resmi** レスミ | 公式の |
| **réstoran** レストラン | レストラン |
| **RI** エルイー | インドネシア共和国（=République Indonésia） |
| **ribu** リブゥ | 〜千 |
| *seribu* | 1000 |
| sepuluh *ribu* | 10000 |
| **ribut** リブッ | 騒がしい、騒ぐ |
| **rinci** リンチ | 詳細な |
| **rindu** リンドゥ | 恋しい、懐かしい |
| **ringan** リガン | 軽い |
| **risiko** リシコ | リスク |
| **riwayat** リワヤッ | 経歴、履歴 |
| *riwayat* hidup | 経歴（書） |
| **robék** ロベッ | 破れた → merobék |

| | |
|---|---|
| **roda** ロダ | 車輪 |
| **roh** ロー | 霊 |
| **rok** ロッ | スカート |
| **rokok** ロコッ | タバコ → merokok |
| **rombongan** ロンボガン | （旅行などの）団体 [rombong☆] |
| **rontok** ロントッ | （葉、髪などが）抜ける、落ちる |
| **rotan** ロタン | 籐、ラタン |
| **roti** ロティ | パン |
| **RT** エルテー | 隣組（住民同士で作る行政の末端組織）（=Rukun Tetangga） |
| **ruang** ルアン, **ruangan** ルアガン | 部屋、〜室 |
|   *ruang* tunggu | 待合室 |
| **rugi** ルギ | 損、損をする → kerugian, merugikan |
| **rujak** ルジャッ | 甘辛い果物の和え物（おやつ） |
| **ruko** ルコ | 店舗兼自宅の建物（1階は店舗、2階は自宅）（=rumah toko） |
| **rumah** ルマ | 家 → perumahan |
|   *rumah* sakit | 病院 |
|   *rumah* tangga | 家庭 |
| **rumit** ルミッ | 複雑な |
| **rumput** ルンプッ | 草 |
| **runding** ルンディン | [語幹] → berunding, perundingan |
| **runtuh** ルントゥ | （建物や国などが）倒れる、崩れる |
| **rupa** ルパ | 見かけ、形 → berupa, merupakan, rupanya |
| **rupanya** ルパニャ | 〜らしい [rupa 形] |

*Rupanya* masih ada yang bersembunyi.

| | まだ隠れているのがいるようだ。 |
|---|---|
| **rupiah** ルピア | ルピア（通貨単位=Rp） |
| **rusa** ルサ | シカ |
| **rusak** ルサッ | 壊れた　→ kerusakan, merusak |
| **Rusia** ルシア | ロシア |
| **RW** エルウェー | 町内会（住民同士で作る行政の末端組織、いくつかの隣組 RT から成る）（=Rukun Warga） |

## S

| | |
|---|---|
| **saat** サアッ | 時、瞬間、〜の時 |
|   *saat* ini | 現在 |
| **sabar** サバル | 我慢する、耐える |
| **sabit** サビッ | 鎌 |
| **Sabtu** サブトゥ | 土曜 |
| **sabuk** サブッ | ベルト、帯 |
| **sabun** サブン | 石けん |
| **sadar** サダル | 気づいた　→ kesadaran, menyadari |
| **sah** サー | 合法的な、正式な |
| **sahabat** サハバッ | 親友　→ persahabatan |
| **saham** サハム | 株式 |
| **saing** サイン | [語幹]　→ bersaing, persaingan |
| **saja** サジャ | 〜だけ；〜さえ、（疑問詞を伴って）〜でも |
|   lima orang *saja* | 5人のみ |
|   Apa *saja* boléh. | 何でも良い。 |
| **sakit** サキッ | 痛い；病気の　→ menyakiti, penyakit |
| **saksi** サクシ | 証人、目撃者　→ menyaksikan |

| | | |
|---|---|---|
| **saku** サクゥ | | ポケット |
| uang *saku* | | 小遣い |
| **salah** サラ | | 誤った、誤り → bersalah, kesalahan, menyalahkan |
| **salam**¹ サラム | | あいさつ |
| Sampaikan *salam* saya kepadanya. | | 彼によろしく伝えてください。 |
| **salam**² サラム | | インドネシアローリエ（植物・香辛料） |
| **salep** サルップ | | 塗り薬、軟膏 |
| **saling** サリン | | 互いに〜する |
| *saling* membantu | | 互いに助ける |
| **salju** サルジュ | | 雪 |
| **saluran** サルラン | | 水路、管［salur☆］ |
| **sama** サマ | | 同じ → bersama(-sama), persamaan, sama-sama |
| tidak besar *sama* sekali | | 全く大きくない |
| **sama-sama** サマサマ | | 互いに；どういたしまして［sama 同じ］ |
| Meréka *sama-sama* dari Jawa. | | 彼らは共にジャワ出身だ。 |
| **sambal** サンバル | | インドネシア風チリソース |
| **sambil** サンビル | | 〜しながら |
| **sambung** サンブン | | （電話などが）つながる → bersambung, menyambung |
| salah *sambung* | | 間違い電話 |
| **sampah** サンパ | | ごみ |
| **sampai** サンパイ | | 着く；〜まで → menyampaikan |
| *Sampai* kapan? | | いつまで? |
| **samping** サンピン | | 隣、横 |
| di *samping* kakak | | 兄の隣で |
| **sampo** サンポー | | シャンプー |

| | |
|---|---|
| **samudra** サムドラ | 大海、海洋 |
| **sana** サナ | あそこ |
| **sandiwara** サンディワラ | 演劇、ドラマ（drama もよく使う） |
| **sangat** サンガッ | とても |
| *sangat* berat | とても重い |
| **sanggup** サングプ | ～できる |
| **sangka** サンカ | ［語幹］→ menyangka, tersangka |
| **sangkut** サンクッ | ［語幹］→ bersangkutan, menyangkut |
| **santai** サンタイ | のんびりした、リラックスした |
| **santan** サンタン | ココナッツミルク |
| **sapi** サピ | 牛 |
| **sapu** サプゥ | ほうき → menyapu |
| *sapu* tangan | ハンカチ |
| **saraf** サラフ | 神経 |
| **saran** サラン | 提案、勧め → menyarankan |
| **sarana** サラナ | 方法、ツール |
| **sarang** サラン | 巣 |
| **sarapan** サラパン | 朝食、朝食をとる［sarap☆］ |
| **sarjana** サルジャナ | 学者、学士 |
| **sarung** サルン | 伝統衣装の腰巻（筒状） |
| **sasaran** ササラン | 対象、目標［sasar☆］ |
| **sastra** サストラ | 文学 |
| **saté** サテ | 串焼き |
| **satpam** サトパム | 警備員（=satuan pengamanan） |
| **satu** サトゥ | 1 → bersatu, kesatuan, mempersatukan, menyatu, persatuan, satu-satunya |

| | | |
|---|---|---|
| **satu-satunya** サトゥサトゥニャ | 唯一の [satu 一] | |
| **saudara** ソウダラ | 兄弟、親類；あなた、〜さん | |
| | → bersaudara | |
| **saudara sepupu** ソウダラ スププゥ | いとこ | |
| **sawah** サワ | 田、田んぼ | |
| **sawi** サウィ | 菜っ葉（白菜など） | |
| **saya** サヤ | 私 | |
| **sayang** サヤン | 残念な、愛しい、愛しい人（呼びかけ） | |

*Sayang* sekali, konsér itu dibatalkan.
そのコンサートが中止されてとても残念だ。

| | |
|---|---|
| **sayap** サヤップ | 羽、翼 |
| **sayur** サユール | 野菜　→ sayur-mayur, sayur-sayuran |
| **sayur-mayur** サユールマユール | 野菜類 [sayur 野菜] |
| **sayur-sayuran** サユールサユラン | 野菜類 [sayur 野菜] |
| **SD** エステー | 小学校（=Sekolah Dasar） |
| **seakan-akan** スアカンアカン | あたかも [akan 〜する予定である] |
| **seandainya** スアンダイニャ | 万が一〜だとしたら [andai☆] |
| **sebab** スバップ | なぜならば；理由　→ menyebabkan, penyebab |

Ia mundur, *sebab* ada masalah keséhatan.
彼は退いた、というのも健康問題があったためである。

| | |
|---|---|
| oléh *sebab* itu | そのために |
| **sebagai** スバガイ | 〜として [bagai 〜のような] |
| **sebagian** スバギアン | 一部 [bagi] |
| *sebagian* besar | 大部分 |
| **sebaiknya** スバイクニャ | 〜した方が良い [baik 良い] |

*Sebaiknya* kamu berhenti merokok.
お前は煙草をやめた方がいい。

| | | |
|---|---|---|
| **sebaliknya** スバリクニャ | 逆に [balik 裏側] | |
| **sebar** スバル | [語幹] → menyebarkan, tersebar | |
| **sebelah** スブラ | 隣り、側 [belah 割れる] | |
| *sebelah* kanan | 右側 | |
| **sebelum** スブルム | ～する前に [belum まだ～ない] | |

Cuci tangan *sebelum* makan! 食べる前に手を洗いなさい。

| | |
|---|---|
| **sebenarnya** スブナルニャ | 本当は、実は [benar 正しい] |
| **sebentar** スブンタル | しばらく |

Mohon tunggu *sebentar*. 少しお待ちください。

| | |
|---|---|
| **seberang** スブラン | 向こう → menyeberangi |
| *seberang* laut | 海の向こう |
| **sebetulnya** スブトゥルニャ | 本当は、実は [betul 正しい] |
| **sebut** スブッ | [語幹] → menyebut, tersebut |
| **secara** スチャラ | ～的に、～の方法で [cara 方法] |
| *secara* langsung | 直接に |
| **sedang** スダン | ～している；中位の → sedangkan |

Rumah saya *sedang* dibangun. 私の家は建設中である。

| | |
|---|---|
| **sedangkan** スダンカン | 一方 [sedang 中位の] |

Kakak menyapu lantai, *sedangkan* adik menyiram bunga.
兄は床を掃き、一方弟は花に水をやっている。

| | |
|---|---|
| **sederhana** スドゥルハナ | 単純な、地味な |
| **sedia** スディア | 用意のある → bersedia, menyediakan, tersedia |
| **sedih** スディ | 悲しい |
| **sedikit** スディキッ | 少し |
| **segala** スガラ | 全部の |
| **segar** スガル | 新鮮な |
| **segera** スグラ | 至急、すぐに |

| | |
|---|---|
| **segi** スギ | 〜角形；角度、側面　→ persegi |
| *segi* tiga | 三角形 |
| dari *segi* keséhatan | 健康の面から |
| **sehari-hari** スハリハリ | 日常的 ［hari 日］ |
| percakapan *sehari-hari* | 日常会話 |
| **seharusnya** スハルスニャ | 本来は〜であるべき［harus 〜しなければならない］ |
| *Seharusnya* orang déwasa memberi contoh baik kepada anak-anak.　本当は大人が子供に良い見本を示さないといけない。 ||
| **séhat** セハッ | 健康な　→ keséhatan |
| **sehingga** スヒンガ | よって、その結果 ［hingga 〜まで］ |
| Selama ini ia berusaha mengatasi kelemahannya, *sehingga* bisa memenangkan juara.<br>彼は今まで弱点を克服しようと努め、その結果優勝を勝ち取ることができた。 ||
| **seimbang** スインバン | 均衡がとれた ［imbang 均衡］ |
| **sejahtera** スジャトラ | 健やかな、平穏な　→ kesejahteraan |
| **sejak** スジャッ | 〜以来、〜から |
| *Sejak* awal rahasia itu sudah ketahuan.<br>　　　　　　　　始めからその秘密はもう知られていた。 ||
| **sejarah** スジャラ | 歴史 |
| **sejuk** スジュッ | 涼しい |
| **sejumlah** スジュムラ | いくらかの ［jumlah 数］ |
| **sekali** スカリ | 非常に |
| takut *sekali* | とても怖い |
| **sekalian** スカリアン | 皆；一度に ［kali 回数］ |
| Anda *sekalian* | あなたたち皆 |
| **sekaligus** スカリグス | 一度に、同時に |
| membayar semua hutang *sekaligus* | 一度に全ての借金を払う |

| | |
|---|---|
| **sekarang** スカラン | 今 |
| **sekian** スキアン | これくらい、以上 ［kian☆］ |
| *Sekian* dulu. | 以上です。（手紙や話の終わりに） |
| **sekitar** スキタル | およそ；～の辺り、～の頃 ［kitar☆］ |
| di *sekitar* sini | この辺りで |
| **sekolah** スコラ | 学校 → bersekolah, menyekolahkan |
| **sékretaris** セクレタリス | 秘書 |
| **séktor** セクトル | 分野、領域、部門 |
| **selain** スライン | ～の他に ［lain 他の］ |
| *Selain* ilmu téknik, apa saja yang dipelajarinya? | 工学の他に彼は何を学んだのか？ |
| **selalu** スラルゥ | いつも |
| **selama** スラマ | ～の間、～する間 ［lama 長い］ |
| *selama* dua bulan | 二か月の間 |
| **selama(-lama)nya** スラマ(ラマ)ニャ | 永遠に、ずっと ［lama 長い］ |
| **selamat** スラマッ | 無事な；おめでとう → keselamatan, menyelamatkan, penyelamatan |
| *Selamat* tahun baru. | 新年おめでとう。 |
| **selancar** スランチャル | サーフィン |
| **Selandia Baru** スランディア バルゥ | ニュージーランド |
| **selanjutnya** スランジュトニャ | それから、続いて ［lanjut 進んだ］ |
| **Selasa** スラサ | 火曜 |
| **selat** スラッ | 海峡 |
| **selatan** スラタン | 南 |
| **seléndang** スレンダン | 伝統衣装の女性用ショール、帯 |
| **seléra** スレラ | 好み、趣味 |
| **selesai** スルサイ | 終わる、完了する → menyelesaikan, penyelesaian |

| | | |
|---|---|---|
| **selimut** スリムッ | 毛布 | |
| **seluruh** スルルゥ | 全体の、全〜 | → keseluruhan |
| *seluruh* dunia | 世界中 | |
| **semacam** スマチャム | 一種の ［macam 種類］ | |
| **semalam** スマラム | 昨晩；一晩 ［malam 夜］ | |
| **semangat** スマンガッ | 元気、やる気 | |
| **semangka** スマンカ | スイカ | |
| **sembahyang** スンバヤン | 礼拝、礼拝する | |
| **sembarangan** スンバラガン | いい加減な ［sembarang☆］ | |
| **sembilan** スンビラン | 9 | |
| **sembuh** スンブゥ | 治る | |
| **semén** スメン | セメント | |
| **semenanjung** スムナンジュン | 半島、岬 | |
| **sementara** スムンタラ | 一時的な；一方 | |
| pemerintah *sementara* | 暫定政府 | |
| **seméster** セメストル | 学期 | |
| **semestinya** スムスティニャ, **mestinya** ムスティニャ | 本来〜であるべき ［mesti 〜でなければならない］ | |
| **semi** スミ | 芽 | |
| musim *semi* | 春 | |
| **sempat** スンパッ | 〜する機会がある | → kesempatan |
| Saya tidak *sempat* makan. | 私は食事する暇がなかった。 | |
| **sempit** スンピッ | 狭い | |
| **sempurna** スンプルナ | 完璧な、完全な | |
| **semua** スムア | すべて | |
| *semua* anggota keluarga | 家族全員 | |
| **semula** スムラ | 当初、初めの ［mula 始め］ | |
| rencana *semula* | 当初の計画 | |

| | |
|---|---|
| **semut** スムッ | アリ |
| **senam** スナム | 体操 |
| **senang** スナン | 楽しい、嬉しい → menyenangkan |
| **senantiasa** スナンティアサ | 常に |
| **sendi** スンディ | 関節 |
| **sendiri** スンディリ | 一人で、自身の → sendirian, tersendiri |
|   saya *sendiri* | 私自身 |
|   datang *sendiri* saja | 一人で来る |
| **sendirian** スンディリアン | 一人ぼっちで［sendiri 一人で］ |
| **séndok** センドッ | スプーン、すくう道具（しゃもじなど） |
| **sengaja** スガジャ | わざと、故意に |
| **seni** スニ | 芸術 → kesenian, seniman |
| **seniman** スニマン | 芸術家［seni］ |
| **Senin** スニン | 月曜 |
| **senjata** スンジャタ | 武器 |
| **sénter** セントゥル | 懐中電灯 |
| **séntiméter** センティメトル | センチメートル（単位） |
| **seolah-olah** スオラオラ | あたかも［olah☆］ |
| **sépak bola** セパッ ボラ | サッカー |
| **sepakat** スパカッ | 合意した → kesepakatan |
| **separuh** スパロ | 半分［paruh☆］ |
| **sepat** スパッ | （果物などが）渋い |
| **sepatu** スパトゥ | 靴 → bersepatu |
| **sepéda** スペダ | 自転車 → bersepéda |
| **sepéda motor** スペダ モトル | オートバイ |
| **seperempat** スプルンパッ | 4分の1；15分［empat 四］ |
|   jam satu *seperempat* | 1時15分 |

| | |
|---|---|
| **seperti** スプルティ | ～のような、～のように |
| *seperti* biasa | いつものように |
| **sepi** スピ | 静かな、ひとけのない → kesepian |
| **seprai** スプライ, **seprei** スプレイ | シーツ |
| **Séptember** セプテンブル | 9月 |
| **seragam** スラガム | 制服 ［ragam 様式］ |
| **serah** スラ | ［語幹］ → menyerah, menyerahkan, terserah |
| **serai** スライ, **seré** スレ | レモングラス（植物・香辛料） |
| **serang** スラン | ［語幹］ → menyerang, serangan |
| **serangan** スラガン | 攻撃 ［serang］ |
| **serangga** スランガ | 昆虫 |
| **serikat** スリカッ | 連合 |
| **sering** スリン | しばしば |
| **sérius** セリウス | 深刻な、まじめな |
| **serta** スルタ | および、伴って → beserta, menyertai, peserta |
| Bapak Présidén *serta* keluarganya | 大統領と家族 |
| **sesak** スサッ | （人ごみなどで）苦しい |
| *sesak* napas | 息苦しい |
| **seseorang** ススオラン | （不特定の）或る人 ［orang 人］ |
| **sesuai** ススアイ | 合う；～にしたがって → menyesuaikan |
| *sesuai* dengan rencana | 予定に合わせて |
| **sesuatu** ススアトゥ | 何か ［suatu ある～］ |
| Pasti ada *sesuatu* yang belum diungkapkan. | きっとまだ述べられていない何かがある。 |
| **sesudah** ススダ | ～の後、～した後 ［sudah すでに～し |

| | |
|---|---|
| | ている] |
| Bersihkan kamar *sesudah* mencuci baju! | |
| | 洗濯した後に部屋を掃除して！ |
| **sesungguhnya** ススングゥニャ | 本当は [sungguh 本当の] |
| **setelah** ストゥラ | 〜の後、〜した後 [telah すでに〜している] |
| **setempat** ストゥンパッ | 現地の [tempat 場所] |
| **setengah** ストゥンガ | 半分 [tengah 真ん中] |
| jam *setengah* dua | 1時半 |
| **setia** スティア | 忠実な、誠実な |
| **setiap** スティアップ, **tiap** ティアップ | 毎〜、各〜 |
| *setiap* minggu | 毎週 |
| **setidak(-tidak)nya** スティダッ(ティダッ)ニャ | |
| | 少なくとも [tidak 〜ない] |
| **setir** スティル | 車のハンドル → menyetir |
| **setrika** ストリカ | アイロン |
| **setuju** ストゥジュ | 賛成である [tuju] |
| *setuju* dengan 〜 | 〜に賛成である |
| **séwa** セワ | 借りた、借り賃 → menyéwa, menyéwakan |
| kamar *séwa* | 貸部屋 |
| ongkos *séwa* | 賃貸料 |
| **sia-sia** シアシア | 無駄になる |
| **siang** シアン | 昼 → kesiangan |
| **siap** シアップ | 用意のある → bersiap, mempersiapkan, menyiapkan, persiapan |
| Semua orang sudah *siap*. | 全員すでに準備完了である。 |
| **siapa** シアパ | 誰 |

| | | |
|---|---|---|
| **siar** シアル | [語幹] → menyiarkan, siaran | |
| **siaran** シアラン | 放送 [siar] | |
| **sibuk** シブッ | 忙しい | |
| **sidang** シダン | 会議、法廷 | |
| **sifat** シファッ | 性格、性質 → bersifat | |
| **sikap** シカップ | 態度、姿勢 | |
| *sikap* terhadap 〜 | 〜に対する態度 | |
| **sikat** シカッ | ブラシ | |
| *sikat* gigi | 歯ブラシ | |
| **siku** シクゥ | ひじ | |
| **silakan** シラカン | どうぞ、〜してください | |
| **silat** シラッ | シラット（東南アジアでさかんな伝統武術） | |
| **SIM** シム | 運転免許証（=Surat Izin Mengemudi） | |
| **sinar** シナル | 光 | |
| **sindiran** シンディラン | 皮肉、風刺 [sindir☆] | |
| **sinétron** シネトロン | テレビドラマ | |
| **singa** シンガ | ライオン | |
| **Singapura** シンガプラ | シンガポール | |
| **singgah** シンガ | 立ち寄る | |
| **singgung** シングン | [語幹] → menyinggung, tersinggung | |
| **singkat** シンカッ | （時や文章が）短い → singkatan | |
| **singkatan** シンカタン | 略語 [singkat 短い] | |
| **singkong** シンコン | キャッサバ | |
| **sini** シニ | ここ | |
| **sisa** シサ | 余り、残り → menyisakan | |
| **sisi** シシ | 端、脇；辺；側面 | |
| **sisik** シシッ | うろこ | |

| | |
|---|---|
| **sisir** シシル | くし |
| **sistém** システム | システム |
| **siswa** シスワ | 生徒 |
| **siswi** シスウィ | 女生徒 |
| **situ** シトゥ | そこ |
| **situasi** シトゥアシ | 状況 |
| **situs wéb** シトゥス ウェブ | ウェブサイト |
| **SMA** エスエムアー | 高校（=Sekolah Menengah Atas） |
| **SMP** エスエムペー | 中学校（=Sekolah Menengah Pertama） |
| **SMU** エスエムウー | 高校（=Sekolah Menengah Umum） |
| **soal** ソアル | 問題、事柄　→ mempersoalkan, persoalan |
| **solat** ソラッ, **salat** サラッ | イスラムの礼拝 |
| **sombong** ソンボン | 横柄な、生意気な |
| **sopan** ソパン | 礼儀正しい |
| *sopan* santun | 礼儀作法 |
| **sopir** ソピル, **supir** スピル | 運転手 |
| **soré** ソレ | 夕方 |
| **sosial** ソシアル | 社会の |
| **soto** ソト | インドネシア風肉スープ |
| **Spanyol** スパニョル | スペイン |
| **stabil** スタビル | 安定した |
| **stasiun** スタシウン | 駅 |
| **status** スタトゥス | 地位、身分 |
| **struk** ストルッ | 脳出血 |
| **studi** ストゥディ | 学業、学問、学習 |
| **suami** スアミ | 夫 |

| | | |
|---|---|---|
| **suara** スアラ | | 声、（動物などの）鳴き声；票 |
| memberi *suara* | | 投票する |
| **suasana** スアサナ | | 雰囲気 |
| **suatu** スアトゥ | | ある～　→ sesuatu |
| *suatu* hari | | ある日 |
| **subuh** スブゥ | | 明け方 |
| **subur** スブール | | 肥沃な |
| **suci** スチ | | 神聖な |
| **sudah** スダ | | すでに～している　→ sesudah |
| *Sudah* selesai membaca?—Ya, *sudah*. | | |
| | | もう読み終わった?—はい。 |
| **sudut** スドゥッ | | 隅；角度 |
| **suhu** スフゥ | | 温度 |
| *suhu* udara | | 気温 |
| **suka** スカ | | 好む、よく～する　→ menyukai |
| Saya *suka* pada laki-laki itu. | | 私はその男性が好きだ。 |
| **sukar** スカル | | 難しい |
| **sukaréla** スカレラ | | ボランティアの |
| **suku** スクゥ | | 部分、構成要素；種族、部族 |
| *suku* Sunda | | スンダ族、スンダ人 |
| Bangsa Indonésia terdiri dari berbagai *suku* bangsa. | | |
| | | インドネシア民族は多様な種族から成り立つ。 |
| **Sulawesi** スラウェシ | | スラウェシ（島名） |
| **suling** スリン | | 笛 |
| **sulit** スリッ | | 難しい　→ kesulitan |
| **Sumatra** スマトラ | | スマトラ（島名） |
| **sumbang** スンバン | | ［語幹］　→ menyumbang, sumbangan |

| | | |
|---|---|---|
| **sumbangan** スンバガン | 寄付、援助、貢献 [sumbang] | |
| **sumber** スンブル | 源 | |
| *sumber* air | 水源 | |
| **sumpah** スンパ | 誓い | |
| **sumpit** スンピッ | 箸 | |
| **sumur** スムール | 井戸 | |
| **sungai** スゥガイ | 川 | |
| **sungguh** スングゥ | 本当の → sesungguhnya, sungguh-sungguh | |
| **sungguh-sungguh** スングゥスングゥ | 真剣に、本当に [sungguh 本当の] | |
| Kamu mau bekerja *sungguh-sungguh*? | | |
| | お前は真剣に働くつもりがあるのか？ | |
| **suntik** スンティッ, **suntikan** スンティカン | 注射 | |
| **sunyi** スニィ | 静かな、ひっそりとした | |
| **sup** スップ, **sop** ソップ | スープ | |
| **supaya** スパヤ | ～するように | |
| Beristirahat cukup *supaya* tidak jatuh sakit. | | |
| | 病気にならないように十分に休みなさい。 | |
| **super markét** スプル マルケット | スーパーマーケット | |
| **surat** スラッ | 手紙、書類 | |
| **surat kabar** スラッ カバル | 新聞 | |
| **surga** スルガ | 天国 | |
| **susah** スサ | 苦しい、難しい | |
| **susu** ススゥ | 乳、ミルク → menyusui | |
| **sutra** ストラ | 絹 | |
| **sutradara** ストラダラ | （映画などの）監督 | |
| **swasta** スワスタ | 民間の、私立の | |

| | | |
|---|---|---|
| **syair** シャイル | 詩 | |
| **syarat** シャラッ | 条件　→ persyaratan | |

## T

| | |
|---|---|
| **taat** タアッ | 従順な；敬けんな |
| **tabrak** タブラッ | ［語幹］　→ menabrak, tabrakan |
| **tabrakan** タブラカン | 衝突（事故）［tabrak］ |
| **tabung** タブン | ［語幹］　→ menabung, tabungan |
| **tabungan** タブガン | 貯金［tabung］ |
| **tadi** タディ | さっき |
|   *tadi* pagi | 今朝 |
|   *tadi* malam | 昨晩 |
| **tahan** タハン | もつ、耐える　→ bertahan, mempertahankan, menahan, pertahanan |
|   Kué itu *tahan* lama. | その菓子は長くもつ。 |
| **tahap** タハップ | 段階、時期、局面　→ bertahap |
| **tahi** タイ | 大便、糞、排泄物 |
| **tahi lalat** タイ ララッ | ほくろ |
| **tahu**¹ タフゥ | 豆腐 |
| **tahu**² タウ | 知る　→ ketahuan, mengetahui, pengetahuan |
| **tahun** タウン / タフン | 年 |
| **tajam** タジャム | 鋭い |
| **tak** タッ | 〜でない、しない |
| Saya *tak* akan bisa melupakan pemandangan itu. | 私はその風景を忘れることができないだろう。 |
| **taksi** タクシ | タクシー |
| **takut** タクッ | 怖い　→ ketakutan, menakutkan, |

|  | penakut |
| --- | --- |
| **tali** タリ | ひも、ロープ |
| **taman** タマン | 公園、庭 |
| **tamat** タマッ | 終わる、卒業する |
| **tambah** タンバ | さらに〜　→ bertambah, menambah, penambahan, pertambahan, tambahan |
| *tambah* besar | さらに大きくなる |
| **tambahan** タンバハン | 追加分［tambah さらに］ |
| **tambak** タンバッ | 養魚場 |
| **tambang** タンバン | 鉱山　→ pertambangan |
| **tampak** タンパッ | 見える　→ tampaknya |
| **tampaknya** タンパクニャ | 〜らしい［tampak 見える］ |
| **tampan** タンパン | かっこいい、ハンサムな |
| **tampil** タンピル | 登場する　→ penampilan |
| **tamu** タムゥ | 客 |
| **tanah** タナ | 土、土地 |
| **tanah air** タナ アイル | 祖国 |
| **tanam** タナム | ［語幹］→ menanam(kan), menanami, penanaman, tanaman |
| **tanaman** タナマン | 作物［tanam］ |
| **tanda** タンダ | しるし、マーク、合図 |
| **tanda tangan** タンダ タガン | 署名　→ menandatangani |
| **tanding** タンディン | ［語幹］→ bertanding, pertandingan |
| **tanduk** タンドゥッ | つの |
| **tangan** タガン | 手　→ menangani |
| **tangga** タンガ | 階段、はしご　→ tetangga |
| **tanggal** タンガル | 日付、〜日 |

| | |
|---|---|
| Bésok *tanggal* berapa? | 明日は何日ですか？ |
| **tanggap** タンガップ | ［語幹］ → menanggapi, tanggapan |
| **tanggapan** タンガパン | 反応、受け取り方［tanggap］ |
| **tanggung** タングン | ［語幹］ → menanggung, tanggung jawab |
| **tanggung jawab** タングン ジャワッブ | 責任［tanggung］ |
| **tani** タニ | ［語幹］ → bertani, pertanian, petani |
| **tanpa** タンパ | ～なしで |
| Tidak bisa memulai usaha *tanpa* modal. | 資本なしで事業を始めることはできない。 |
| **tante** タントゥ | おば |
| **tanya** タニャ | ［語幹］ → bertanya, menanyakan, pertanyaan |
| **tapé** タペ | もち米やキャッサバを発酵させた菓子 |
| **tapi** タピ, **tetapi** トゥタピ | しかし |
| **tari** タリ | 踊り → menari, penari, tarian |
| **tarian** タリアン | 舞踊、ダンス［tari］ |
| **tarik** タリッ | ［語幹］ → menarik, tertarik |
| **tas** タス | カバン |
| **tata** タタ | 規則、配列 |
|   *tata* bahasa | 文法 |
| **tawar**[1] タワル | ［語幹］ → menawar, menawarkan, tawaran |
| **tawar**[2] タワル | （味などが）薄い；淡水の |
|   ikan *tawar* | 淡水魚 |
| **tawaran** タワラン | 勧め、申し出［tawar］ |
| **tebal** トゥバル | 厚い |
| **tegang** トゥガン | 緊張した |

| | | |
|---|---|---|
| **tegas** トゥガス | 明白な、決然たる → menegaskan | |
| bersikap *tegas* terhadap korupsi | 汚職に対して決然とした態度を取る | |
| **téh** テー | 茶、紅茶 | |
| **teka-teki** トゥカトゥキ | なぞなぞ | |
| **tekan** トゥカン | [語幹] → menekan, menekankan, tekanan | |
| **tekanan** トゥカナン | 圧力 [tekan] | |
| **téknik** テクニッ | 技術、工学 | |
| **téknologi** テクノロギ | テクノロジー | |
| **telah** トゥラ | すでに〜している → setelah | |
| **telanjang** トゥランジャン | はだか | |
| **telapak** テラパッ | 手のひら、足の裏 | |
| *telapak* tangan | 手のひら | |
| **telat*** トゥラッ | 遅れる | |
| **télépon** テレポン | 電話 → menélépon | |
| **télévisi** テレフィシ, **TV** ティーフィー | テレビ | |
| **telinga** トゥリンガ | 耳 | |
| **teliti** トゥリティ | 細かい、詳細な → meneliti, peneliti, penelitian | |
| **teluk** トゥルッ | 湾 | |
| **telur** トゥルール | 卵 → bertelur | |
| **teman** トゥマン | 友人 → berteman, menemani | |
| **tembaga** トゥンバガ | 銅 | |
| **témbak** テンバッ | [語幹] → menémbak, témbakan | |
| **témbakan** テンバカン | 銃撃 [témbak] | |
| **tembakau** トゥンバカウ | タバコ（植物） | |
| **tembang** トゥンバン | （ジャワ、バリなどの伝統的な）歌、詩歌 | |
| **témbok** テンボッ | 壁、塀 | |

| | | |
|---|---|---|
| **tempat** トゥンパッ | 場所 → menempatkan, setempat | |
| **témpé** テンペ | テンペ（大豆の発酵食品） | |
| **temu** トゥムゥ | ［語幹］→ bertemu, ketemu, mempertemukan, menemui, menemukan, penemuan, pertemuan | |
| **tenaga** トゥナガ | 力 | |
| *tenaga* kerja | 労働力 | |
| **tenang** トゥナン | 落ち着いた | |
| **tengah** トゥンガ | 真ん中、中 → menengah, pertengahan, setengah | |
| *tengah* malam | 真夜中 | |
| Jawa *Tengah* | 中部ジャワ | |
| **tenggara** トゥンガラ | 東南 | |
| **tenggelam** トゥングラム | 沈む | |
| **tenggorokan** トゥンゴロカン | のど | |
| **tentang** トゥンタン | 〜について → bertentangan, menentang | |
| pengetahuan *tentang* ilmu hukum | 法学についての知識 | |
| **tentara** トゥンタラ | 軍人、軍隊 | |
| **tentu** トゥントゥ | 定まった、決まった；もちろん → ketentuan, menentukan, tertentu | |
| *tentu* saja | もちろん | |
| **tepat** トゥパッ | 正確な、ぴったり | |
| *tepat* jam satu siang | ちょうど午後1時 | |
| **tepi** トゥピ | 端、ふち | |
| **tepung** トゥプン | 粉 | |
| **tepung terigu** トゥプン トゥリグゥ | 小麦粉 | |
| **terakhir** トゥルアヒル | 最後の［akhir 終わり］ | |

| | | |
|---|---|---|
| **terang** トゥラン | 明るい → keterangan, menerangkan | |
| **terasa** トゥラサ | 感じられる [rasa 味] | |
| **terasi, trasi** トゥラシ | 魚醬（主にエビを用いる） | |
| **teratai** トゥラタイ | 蓮 | |
| **teratur** トゥラトゥル | 規則正しい [atur] | |
| **terbaik** トゥルバイッ | 最良の [baik 良い] | |
| **terbakar** トゥルバカル | 火事に遭う、燃えた [bakar] | |
| **terbang** トゥルバン | 飛ぶ → penerbangan | |
| **terbatas** トゥルバタス | 限られた [batas 限度] | |
| **terbawa** トゥルバワ | 持って行かれる、うっかり持って行く [bawa] | |
| Surat itu *terbawa* oléh saya. | その手紙を私はうっかり持って行ってしまった。 | |
| **terbenam** トゥルブナム | （太陽などが）沈む [benam☆] | |
| **terbesar** トゥルブサル | 最大の [besar 大きい] | |
| **terbiasa** トゥルビアサ | 慣れる、習慣になる [biasa 普通の] | |
| sudah *terbiasa* naik sepéda | 自転車に乗るのにもうすっかり慣れた | |
| **terbit** トゥルビッ | （太陽などが）昇る；出版される → menerbitkan, penerbit | |
| **terbuat** トゥルブアッ | （～から）作られた [buat] | |
| *terbuat* dari tepung beras | 米粉からできている | |
| **terbuka** トゥルブカ | 開けられた、公開の、開放的な [buka 開いている] | |
| **terbukti** トゥルブクティ | 証明された [bukti 証拠] | |
| **terburu-buru** トゥルブルゥブルゥ | 急ぐ、あわてる [buru☆] | |
| **tercapai** トゥルチャパイ | 達成される [capai] | |
| **tercatat** トゥルチャタッ | 書留の [catat] | |
| **terdakwa** トゥルダクワ | 被告 [dakwa☆] | |
| **terdapat** トゥルダパッ | 見られる、観察される [dapat ～できる] | |

Di propinsi ini *terdapat* lima kabupatén.
この州には5つの県がある。

| | |
|---|---|
| **terdengar** トゥルドゥガル | 聞こえる [dengar] |
| **terdiri** トゥルディリ | 成り立つ、構成される [diri 自己] |
| *terdiri* dari dua bagian | 2つの部分から成り立つ |
| **tergantung** トゥルガントゥン | ～次第、依存した [gantung] |

Berhasil atau tidaknya *tergantung* pada dia.
成功するかどうかは彼にかかっている。

| | |
|---|---|
| **tergesa-gesa** トゥルグサグサ | 急ぐ、慌てる [gesa☆] |
| **terhadap** トゥルハダップ | ～に対して [hadap] |
| perhatian *terhadap* masalah itu | その問題に対する関心 |
| **terhitung** トゥルヒトゥン | 数えられる [hitung] |
| tak *terhitung* | 数えられない |
| **terhormat** トゥルホルマッ | 尊敬すべき、尊敬される [hormat 敬意] |
| Yth. Bapak Bambang | 尊敬するバンバン様（yth は yang terhormat の略） |
| **teri** トゥリ | （カタクチイワシなどの）小魚、シラス |
| **terima** トゥリマ | [語幹] → menerima, penerimaan |
| *Terima* kasih banyak. | どうもありがとう。 |
| **teringat** トゥルインガッ | ふと思い出す [ingat 思い出す] |

Saya *teringat* peristiwa yang terjadi tahun lalu.
私は昨年起きた事件を思い出した。

| | |
|---|---|
| **terjadi** トゥルジャディ | 起こる、発生する [jadi 予定通りになる] |
| **terjemah** トゥルジュマ | [語幹] → men(t)erjemahkan, pen(t)erjemah |
| **terjual** トゥルジュアル | 売り切れた [jual] |
| *terjual* habis | 売り切れる |

| | |
|---|---|
| **terjun** トゥルジュン | 飛び降りる、飛び込む |
| air *terjun* | 滝 |
| **terkait** トゥルカイッ | 関連した [kait] |
| *terkait* dengan politik | 政治と関連する |
| **terkejut** トゥルクジュッ | 驚く [kejut] |
| **terkenal** トゥルクナル | 有名な [kenal 知っている] |
| **terkesan** トゥルクサン | 感銘を受ける [kesan 印象] |
| Saya sangat *terkesan* oléh paméran itu. | 私はその展覧会に大変感銘を受けた。 |
| **terlalu** トゥルラルゥ | ~すぎる [lalu 過ぎた] |
| *terlalu* panjang | 長すぎる |
| **terlambat** トゥルランバッ | 遅刻する [lambat 遅い] |
| *terlambat* ke sekolah | 学校に遅刻する |
| **terlepas** トゥルルパス | 外れる、逃げる、切り離された [lepas 外れる] |
| tidak *terlepas* dari ~ | ~から切り離せない |
| **terletak** トゥルルタッ | 位置する [letak 位置] |
| Kota itu *terletak* di dekat pantai. | その町は海岸の近くに位置する。 |
| **terlibat** トゥルリバッ | 巻き込まれた、関与する [libat] |
| Pegawai itu *terlibat* dalam kasus korupsi. | その職員は汚職問題に関与している。 |
| **terlihat** トゥルリハッ | 見える [lihat] |
| *terlihat* muda | 若く見える |
| **terluka** トゥルルカ | 傷ついた、傷を負った [luka 傷] |
| **terlupa** トゥルルパ | 忘れてしまう [lupa 忘れる] |
| **termakan** トゥルマカン | うっかり食べる [makan 食べる] |
| Bungkusan permén ikut *termakan* oléhnya. | 彼は飴の包みを一緒に食べてしまった。 |

| | | |
|---|---|---|
| **termasuk** トゥルマスッ | | 〜を含めて［masuk 入る］ |

Jumlah penduduk ada seratus orang *termasuk* orang asing.
住民の数は外国人を入れて 100 人だ。

| | |
|---|---|
| **términal** テルミナル | ターミナル |
| **términos** テルモス | 魔法ビン |
| **ternak** トゥルナッ | 家畜　→ beternak, peternakan |
| **ternyata** トゥルニャタ | 果たして〜である［nyata 現実の］ |

Orang tua itu *ternyata* sakit kanker.
その老人は実はがんであることがわかった。

| | |
|---|---|
| **térong** テロン, **terung** トゥルン | ナス |
| **téror** テロル | テロ |
| **terowongan** トゥロウォガン | トンネル |
| **terpaksa** トゥルパクサ | やむをえず〜する［paksa 強制の］ |

Ia *terpaksa* meninggalkan keluarganya.
彼は家族のもとを去らざるを得なかった。

| | |
|---|---|
| **terpisah** トゥルピサ | 切り離された［pisah 別れた］ |
| **tersangka** トゥルサンカ | 容疑者［sangka］ |
| **tersebar** トゥルスバル | 広められた［sebar］ |
| **tersebut** トゥルスブッ | 既述の、その［sebut］ |

Angka *tersebut* diperkirakan akan menurun.
その数字は低下すると予測される。

| | |
|---|---|
| **tersedia** トゥルスディア | 用意された［sedia 用意のある］ |
| **tersendiri** トゥルスンディリ | 独自の［sendiri 自身の］ |
| ciri *tersendiri* | 独自の特徴 |
| **tersenyum** トゥルスニュム | ほほえむ［senyum ☆］ |
| **terserah** トゥルスラ | 任せられた［serah］ |
| *Terserah* kepada Anda. | あなたに任せます。 |
| **tersinggung** トゥルシングン | 気分が害された［singgung］ |

Dia *tersinggung* karena perkataan wanita itu.
その女性の発言のために彼は気分を害した。

| | |
|---|---|
| **tertarik** トゥルタリッ | 興味を引かれる［tarik］ |
| *tertarik* pada ~ | ~に興味がある |
| **tertawa** トゥルタワ | 笑う［tawa☆］ |
| **tertentu** トゥルトゥントゥ | 特定の、一定の［tentu 定まった］ |
| **tertib** トゥルティブ | 秩序正しい → ketertiban |
| **tertidur** トゥルティドゥル | 居眠りする［tidur 寝る］ |
| **tertinggal** トゥルティンガル | とり残される、置き忘れる［tinggal 残る］ |

Dompét saya *tertinggal* di rumah. 財布を家に置き忘れた。

| | |
|---|---|
| **tertutup** トゥルトゥトゥップ | 閉められた、非公開の、閉鎖的な［tutup 閉まっている］ |
| **terus** トゥルス | それから；~し続ける；そのまま → meneruskan, terus-menerus |
| Nilai yén *terus* naik. | 円が上がり続ける。 |
| **terus-menerus** トゥルスムヌルス | ずっと~し続ける［terus 続く］ |
| **terutama** トゥルタマ | 特に［utama 主要な］ |
| **tetangga** トゥタンガ | 隣人、隣家［tangga 階段］ |
| **tetap** トゥタップ | 一定の、依然として → menetapkan |
| pegawai *tetap* | 正職員 |
| **téwas** テワス | （戦争、災難で）死ぬ |
| **Thailand** タイラン | タイ（Muang Thai とも言う） |
| **tiang** ティアン | 柱、支柱 |
| **tiba** ティバ | 到着する → tiba-tiba |
| **tiba-tiba** ティバティバ | 急に、突然［tiba 着く］ |
| **tidak** ティダッ | （名詞以外を否定して）~ない；いいえ → setidak(-tidak)nya |
| *tidak* putus | 切れない |

| | |
|---|---|
| *tidak* usah | 〜する必要がない |
| Apakah Anda mau minum téh?—*Tidak*, terima kasih. | |
| | 紅茶を飲みますか?—いいえ、結構です。 |
| **tidur** ティドゥル | 寝る → tertidur |
| **tiga** ティガ | 3 |
| **tikar** ティカル | ござ、敷物 |
| **tikét** ティケッ | 切符、チケット |
| **tikus** ティクス | ネズミ |
| **tim** ティム | チーム |
| **timah** ティマ | 錫 |
| **timbang** ティンバン | 重さ → mempertimbangkan, menimbang, pertimbangan, timbangan |
| **timbangan** ティンバガン | はかり [timbang 重さ] |
| **timbul** ティンブル | 現れる → menimbulkan |
| **Timor Lésté** ティモル レステ, **Timor Timur (Timtim)** | 東ティモール ティモル ティムル (ティムティム) |
| **timur** ティムル | 東 |
| **Timur Tengah** ティムル トゥンガ | 中東 |
| **tindak** ティンダッ | 行動、措置 → bertindak, tindakan |
| **tindakan** ティンダカン | 行動 [tindak 行動] |
| **tinggal** ティンガル | 住む、残る → ketinggalan, meninggal, meninggalkan, tertinggal |
| *tinggal* satu saja | 1つだけ残る |
| **tinggi** ティンギ | 高い |
| **tingkah laku** ティンカ ラクゥ | 振る舞い |
| **tingkat** ティンカッ | レベル、学年、階 → bertingkat, |

| | meningkat, meningkatkan, peningkatan |
|---|---|
| **tinju** ティンジュ | ボクシング → petinju |
| **tinta** ティンタ | インク |
| **Tionghoa** ティオンホア | 華人、中華 |
| **tipis** ティピス | （紙などが）薄い |
| **tiri** ティリ | 血のつながっていない、義理の |
| **titik** ティティッ | 点、ドット、ピリオド |
| **titip** ティティプ | [語幹] → menitip, titipan |
| **titipan** ティティパン | 預けもの、預かりもの [titip] |
| **TK** テーカー | 幼稚園（＝Taman Kanak-Kanak） |
| **TNI** テーエヌイー | インドネシア国軍（＝Tentara Nasional Indonésia） |
| **togé** トゲ, **taugé** タウゲ | もやし |
| **tokék** トケッ | トッケイ（大ヤモリ） |
| **toko** トコ | 店 |
| **tokoh** トコ | 人物、名士 |
| **tolong** トロン | ～してください → menolong |
| *Tolong* panggilkan taksi! | タクシーを呼んでください。 |
| **tomat** トマッ | トマト |
| **tombol** トンボル | ボタン、スイッチ |
| **tongkat** トンカッ | 棒、杖、レバー |
| **tongkol** トンコル | スマ（カツオに似た魚） |
| **tonton** トントン | [語幹] → menonton, nonton, penonton |
| **topan** トパン | 台風、嵐 |
| **topéng** トペン | お面 |
| **topi** トピ | 帽子 |

| | | |
|---|---|---|
| **tosérba** トセルバ | | デパート（=toko serba ada） |
| **total** トタル | | 合計 |
| **tradisi** トラディシ | | 伝統 |
| **transportasi** トランスポルタシ | | 交通機関、輸送、交通 |
| **travél** トラフェル | | 旅行会社 |
| **triliun** トリリウン | | 〜兆 |
| **trotoar** トロトアル | | 歩道 |
| **truk** トルッ | | トラック |
| **tua** トゥア | | 年老いた；色の濃い　→ ketua, mengetuai |
| **tuak** トゥアッ | | ヤシ酒 |
| **tuan** トゥアン | | 主人；〜さん（男性への敬称）、ご主人様（呼びかけ） |
| | *tuan* rumah | 大家 |
| **tubuh** トゥブゥ | | 身体 |
| **tugas** トゥガス | | 任務、課題　→ bertugas, petugas |
| **Tuhan** トゥハン | | 神 |
| **tuju** トゥジュ | | ［語幹］　→ menuju, menyetujui, persetujuan, setuju, tujuan |
| **tujuan** トゥジュアン | | 目標、行き先［tuju］ |
| **tujuh** トゥジュ | | 7 |
| **tukang** トゥカン | | 職人、〜屋 |
| **tukar** トゥカル | | ［語幹］　→ menukar, pertukaran |
| **tulang** トゥラン | | 骨 |
| **tuli** トゥリ | | 耳が聞こえない、聾 |
| **tulis** トゥリス | | 書く、書いた　→ menulis, penulis, tulisan |
| | buku *tulis* | ノート |

| | |
|---|---|
| **tulisan** トゥリサン | 書いたもの、文章 [tulis] |
| **tumbuh** トゥンブゥ | 生える、生育する　→ bertumbuh, pertumbuhan, tumbuhan |
| **tumbuhan** トゥンブハン | 植物 [tumbuh 生える] |
| **tumit** トゥミッ | かかと |
| **tumpul** トゥンプル | 刃が鈍い |
| **tuna** トゥナ | マグロ |
| **tunangan** トゥナガン | 婚約者 [tunang☆] |
| **tunggal** トゥンガル | 唯一の；(スポーツの) シングルス |
| 　anak *tunggal* | 一人っ子 |
| **tunjuk** トゥンジュッ | [語幹]　→ mempertunjukkan, menunjuk, menunjukkan, pertunjukan, petunjuk |
| **tuntas** トゥンタス | 徹底的な、完全な |
| 　secara *tuntas* | 徹底的に |
| **tuntut** トゥントゥッ | [語幹]　→ menuntut, tuntutan |
| **tuntutan** トゥントゥタン | 訴え、要求 [tuntut] |
| **tur** トゥル | ツアー |
| **turis** トゥリス | ツーリスト、観光客 |
| **Turki** トゥルキ | トルコ |
| **turun** トゥルン | 下がる、降りる　→ keturunan, menurun, menurunkan, penurunan |
| **turut** トゥルッ | 従う　→ berturut-turut, menurut, menuruti |
| 　*turut* berdukacita | (共に) お悔やみ申し上げる |
| **tutup** トゥトゥプ | 閉まっている；蓋　→ menutup, menutupi, penutup, penutupan, tertutup |

Perpustakaan sekolah *tutup* jam empat soré.

学校の図書館は午後 4 時に閉まる。

## U

| | | |
|---|---|---|
| **uang** ウアン | お金　→ keuangan | |
| **uap** ウアップ | 蒸気 | |
| **ubah** ウバ | ［語幹］　→ berubah, mengubah, merubah, perubahan | |
| **uban** ウバン | 白髪 | |
| **ubi** ウビ | イモ | |
| **ucap** ウチャプ | ［語幹］　→ mengucapkan, ucapan | |
| **ucapan** ウチャパン | 発言、挨拶、発音［ucap］ | |
| 　*ucapan* selamat | お祝いの挨拶 | |
| **udang** ウダン | エビ | |
| **udara** ウダラ | 空気；空 | |
| 　pos *udara* | エアメール | |
| **uji** ウジ | 試し、試験、検査　→ menguji, ujian | |
| 　*uji* coba nuklir | 核実験 | |
| **ujian** ウジアン | 試験［uji 試し］ | |
| **ujung** ウジュン | 先端、先 | |
| **ukir** ウキル | ［語幹］　→ mengukir, ukiran | |
| **ukiran** ウキラン | 彫刻［ukir］ | |
| **ukur** ウクル | ［語幹］　→ mengukur, ukuran | |
| **ukuran** ウクラン | サイズ、尺度［ukur］ | |
| **ulama** ウラマ | イスラム指導者 | |
| **ular** ウラル | ヘビ | |
| **ulat** ウラッ | 毛虫、幼虫 | |
| **umum** ウムゥム | 一般の、公共の、普遍の　→ meng- | |

| | umumkan, pengumuman, umumnya |
|---|---|
| rumah sakit *umum* | 総合病院 |
| **umumnya** ウムムニャ | 一般に［umum 一般の］ |
| **umur** ウムール | 年齢　→ berumur |
| **undang** ウンダン | ［語幹］　→ mengundang, undangan |
| **undang-undang** ウンダンウンダン | 法律［undang☆］ |
| *undang-undang* dasar | 憲法 |
| **undangan** ウンダガン | 招待［undang］ |
| **undur** ウンドゥル | 退く、後退する　→ mengundur, mengundurkan |
| **unggul** ウングル | 優秀な |
| **ungsi** ウンシ | ［語幹］　→ mengungsi, pengungsi |
| **ungu** ウングゥ | 紫 |
| **Uni Éropa** ウニ エロパ | 欧州連合 |
| **univérsitas** ウニフェルシタス | 大学 |
| **unjuk rasa** ウンジュッ ラサ | デモ |
| **unsur** ウンスル | 要素、成分 |
| **untuk** ウントゥッ | 〜のために |
| berlari *untuk* menurunkan berat badan | |
| | 体重を落とすために走る |
| **untung** ウントゥン | 運、利益；幸運な　→ beruntung, keuntungan, menguntungkan |
| **upacara** ウパチャラ | 儀式 |
| **upah** ウパ | 労賃 |
| **upaya** ウパヤ | 努力　→ berupaya |
| **urat** ウラッ | 筋、筋肉 |
| **urus** ウルス | ［語幹］　→ mengurus, pengurus, urusan |

| | |
|---|---|
| **urusan** ウルサン | 用事 [urus] |
| **urutan** ウルタン | 順番 [urut☆] |
| **usah** ウサ | （否定詞 tidak を伴い）〜する必要がない |
| **usaha** ウサハ | 努力；事業　→ berusaha, pengusaha, perusahaan |
| **usia** ウシア | 年齢 |
| **usulan** ウスラン, **usul** ウスル | 提案　→ mengusulkan |
| **usus** ウスゥス | 腸 |
| **utama** ウタマ | 主要な　→ terutama |
|   makanan *utama* | 主食 |
| **utara** ウタラ | 北 |

## V

| | |
|---|---|
| **Viétnam** フィエトナム | ベトナム |
| **visa** フィサ | ビザ |

## W

| | |
|---|---|
| **wajah** ワジャ | 容貌、顔 |
| **wajar** ワジャル | 当然の、もっとも、正常な |
|   Tanggapan seperti itu *wajar* saja. | そのような反応は当然だ。 |
| **wajib** ワジップ | 義務がある、義務の　→ kewajiban, mewajibkan |
| **wakil** ワキル | 代表；副〜　→ mewakili, perwakilan |
| **waktu** ワクトゥ | 時間；〜する時、〜の時 |
|   *Waktu* itu saya kebetulan berada di sana. | その時私は偶然そこに滞在していた。 |

| | |
|---|---|
| **walau(pun)** ワロウ(プン) | ～だとしても、～にも関わらず |

Dia tetap melanjutkan perjalanan *walaupun* dompétnya dicuri.
彼は財布が盗まれたのにも関わらず、旅を続けた。

| | |
|---|---|
| **wali** ワリ | 後見人 |
| **walikota** ワリコタ | 市長 |
| **wangi** ワンギィ | 香りのよい |
| minyak *wangi* | 香水 |
| **wanita** ワニタ | 女性 |
| **warga** ワルガ | 住民 |
| **warganegara** ワルガヌガラ | 国民、国籍 |
| **waris** ワリス | ［語幹］　→ mewarisi, mewariskan, warisan |
| **warisan** ワリサン | 遺産［waris］ |
| **warna** ワルナ | 色　→ berwarna, mewarnai |
| **warta berita** ワルタ ブリタ | ニュース |
| **wartawan** ワルタワン | 記者［warta☆］ |
| **warung** ワルン | 屋台、雑貨屋 |
| **wawancara** ワワンチャラ | インタビュー、面接 |
| **wawasan** ワワサン | 視野、見方［wawas☆］ |
| **wayang** ワヤン | ワヤン（影絵芝居） |
| **WC** ウェーセー | トイレ（toilét もよく使う）|
| **wenang** ウェナン | ［語幹］　→ berwenang, wewenang |
| **wewenang** ウェウェナン | 権限［wenang］ |
| **wilayah** ウィラヤ | 領土、地域 |
| **wisata** ウィサタ, **pariwisata** パリウィサタ | 観光　→ wisatawan |
| **wisatawan** ウィサタワン | 観光客［wisata］ |
| **wisuda** ウィスダ | 卒業式 |

| | | |
|---|---|---|
| **wortel** ウォルテル | | ニンジン |
| **wujud** ウジュド | | 表れ、姿　→ mewujudkan |

## Y

| | |
|---|---|
| **ya** ヤー | はい；〜ね（要請、注意の喚起）、〜かしら |

 *Ya*, saya pasti akan ke sana.　はい、私はきっとそちらへ行きます。
 Datang bésok, *ya*.　明日来てね。

| | |
|---|---|
| **yaitu** ヤイトゥ | すなわち |

 Indonésia mempunyai satu bahasa nasional, *yaitu* bahasa Indonésia.
  インドネシアは1つの国語を持つ、すなわちインドネシア語である。

| | |
|---|---|
| **yakin** ヤキン | 確信する　→ keyakinan, meyakinkan |
| **yakni** ヤクニ | すなわち |

 Para murid menaikkan bendéra negara Indonésia, *yakni* Mérah Putih.　生徒たちはインドネシア国旗、すなわち紅白旗を掲揚した。

| | |
|---|---|
| **yang** ヤン | 〔関係代名詞〕〜する物・人 |
|  *yang* berdiri di situ | そこに立っている人 |
| **yatim** ヤティム | 孤児 |
| **yayasan** ヤヤサン | 財団 |
| **yén** イェン | 円（通貨単位） |
| **Yogyakarta** ヨグヤカルタ/ジョグジャカルタ | ジョグジャカルタ（中部ジャワの都市、Yogya とも呼ばれる） |
| **Yunani** ユナニ | ギリシャ |

## Z

| | |
|---|---|
| **zaman** ザマン, **jaman** ジャマン | 時代 |
| **zat** ザッ | 成分、物質 |

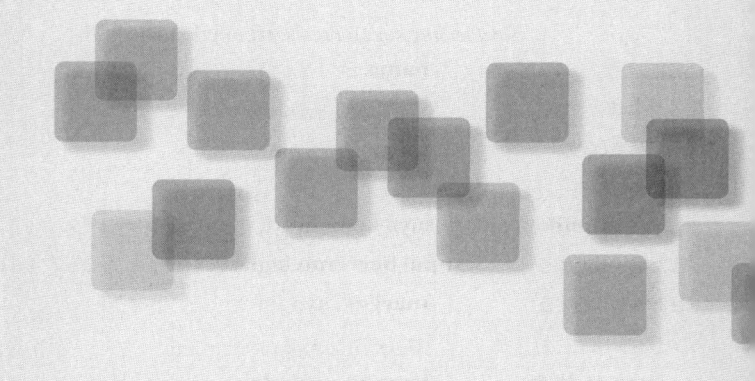

# 日本語 ✈ インドネシア語

## あいさつ

| | |
|---|---|
| おはよう※ | **Selamat pagi.** スラマッ パギ |
| こんにちは〔昼間〕※ | **Selamat siang.** スラマッ シアン |
| こんにちは〔夕方〕※ | **Selamat soré.** スラマッ ソレ |
| こんばんは※ | **Selamat malam.** スラマッ マラム |
| お元気ですか | **Apa kabar?** アパ カバル |
| 元気です | **Baik-baik saja.** バイッバイッ サジャ |
| ～できて嬉しい | **saya senang bisa** ～サヤ スナン ビサ |

あなたにお会いできて大変嬉しい。

*Saya senang* sekali *bisa* bertemu dengan Anda.

| | |
|---|---|
| 名前 | **nama** ナマ |

お名前は？　　Siapa *nama* Anda?

私はさくらです。　*Nama* saya Sakura.

**～によろしく**

　　**sampaikan salam saya kepada** ～ サンパイカン サラム サヤ クパダ

| | |
|---|---|
| また会いましょう | **Sampai bertemu lagi.** サンパイ ブルトゥムゥ ラギ |
| さあ～しましょう | **mari** マリ, **ayo** アヨ |

さあ食事にしましょう。　*Mari* kita makan sekarang.

| | |
|---|---|
| ～はいかが〔提案〕 | **bagaimana kalau** ～バガイマナ カロウ |

明日の夜映画を見るのはどうでしょう？

*Bagaimana kalau* kita menonton film bésok malam?

| | |
|---|---|
| さようなら〔旅行などへ行く人に〕 | **Selamat jalan.** スラマッ ジャラン |

さようなら〔長い別れの時、残る人に〕

　　　　　　　　　　**Selamat tinggal.** スラマッ ティンガル

| | |
|---|---|
| では、じゃあ〔電話の終わりなどに〕 | **mari** マリ, **ayo** アヨ |

さようなら、では。　Selamat malam, Pak. *Mari*.

| | |
|---|---|
| おめでとう | **Selamat.** スラマッ |

誕生日おめでとう。　*Selamat* hari ulang tahun.

| | |
|---|---|
| ようこそ | **Selamat datang.** スラマッ ダタン |
| ありがとう | **Terima kasih.** トゥリマ カシ |
| どうもありがとう。 | *Terima kasih* banyak. |
| どういたしまして | **Sama-sama.** サマサマ, (**Terima kasih**) **kembali.** (トゥリマ カシ) クンバリ |
| ごめんなさい | **Saya mohon maaf.** サヤ モホン マアフ, **Saya minta maaf.** サヤ ミンタ マアフ, **Maaf.** マアフ |
| すみません／失礼します | **permisi** プルミシ |
| すみません、ちょっとお尋ねしてよろしいですか。 | *Permisi* Bu, boléh saya bertanya sebentar? |
| どうぞ | **silakan** シラカン |
| いつでもお寄りください。 | *Silakan* mampir kapan saja. |
| ～してください | **tolong** トロン, **mohon** モホン, **minta** ミンタ, **harap** ハラップ |
| 私の鞄を取ってください。 | *Tolong* ambilkan tas saya. |
| 少しお待ちください。 | *Mohon* tunggu sebentar. |
| 至急いらしてください。 | Saya *mohon* agar Bapak segera datang. |
| やめて；～しないで | **jangan** ジャガン |
| 入らないで。 | *Jangan* masuk. |
| 気をつけて | **hati-hati** ハティハティ, **awas** アワス |
| 車を運転する時は気をつけて。 | *Hati-hati* kalau menyetir mobil. |
| 何でもありません | **Tidak apa-apa.** ティダッ アパアパ |
| はい | **ya** ヤー |
| いいえ〔動詞などを否定する場合〕 | **tidak** ティダッ |
| いいえ〔名詞を否定する場合〕 | **bukan** ブカン |
| いいえ〔未然の場合〕 | **belum** ブルム |

※の表現は、別れのあいさつにもなります。

## 代名詞・疑問詞

| | |
|---|---|
| 私 | **saya** サヤ |
| 私たち〔相手を含まない〕 | **kami** カミ |
| 私たち〔相手を含む〕 | **kita** キタ |
| あなた〔同等で初対面の相手〕 | **Anda** アンダ |
| あなた〔目上の男性〕 | **Bapak** ババッ |
| あなた〔目上の女性〕 | **Ibu** イブゥ |
| 彼、彼女 | **dia** ティア / **ia** イア |
| 彼ら | **meréka** ムレカ |
| これ | **ini** イニ |
| それ、あれ | **itu** イトゥ |
| 何 | **apa** アパ |
| どんな | **bagaimana** バガイマナ |

この野菜をどのように調理するのか？

*Bagaimana* caranya untuk memasak sayur ini?

| | |
|---|---|
| いくつ、いくら | **berapa** ブラパ |
| どのくらいの間？ | *Berapa* lama? |
| 何日間？ | *Barapa* hari? |
| 何日？ | Tanggal *berapa*? |
| いつ | **kapan** カパン |
| どこ | **mana** マナ |
| どこで？ | Di *mana*? |
| どこへ？ | Ke *mana*? |
| どこから？ | Dari *mana*? |
| 誰 | **siapa** シアパ |
| どっち、どれ | **yang mana** ヤン マナ, **mana** マナ |

どっちがより高価ですか？　中国製、それとも韓国製？

Yang lebih mahal *yang mana*, buatan Cina atau buatan Koréa?

## 家族

| | |
|---|---|
| 家族、親族 | **keluarga** クルアルガ |
| 父 | **bapak** バパッ, **ayah** アヤ |
| 母 | **ibu** イブゥ |
| 両親 | **orang tua** オラン トゥア |
| 兄、姉 | **kakak** カカッ |
| 兄 | **abang** アバン |
| 弟、妹 | **adik** アディッ |
| ～人兄弟 | **bersaudara** ブルソウダラ |
| 私は2人兄弟である | Saya dua *bersaudara*. |
| 子供 | **anak** アナッ |
| 夫 | **suami** スアミ |
| 妻 | **istri** イストリ |
| 祖父 | **kakék** カケッ |
| 祖母 | **nénék** ネネッ |
| おじ | **paman** パマン, **om** オム |
| おば | **bibi** ビビ, **tante** タントゥ |
| 孫 | **cucu** チュチュ |
| 甥、姪 | **keponakan** クポナカン |
| 嫁、婿 | **menantu** ムナントゥ |
| 姑、舅 | **mertua** ムルトゥア |
| 義兄弟 | **ipar** イパル |
| 従兄弟 | **saudara sepupu** ソウダラ ススプゥ |
| 兄弟、親戚 | **saudara** ソウダラ |
| 実の | **kandung** カンドゥン |
| 実子 | anak *kandung* |
| 血のつながっていない | **tiri** ティリ |
| 継母 | ibu *tiri* |

## 数

| | |
|---|---|
| 数、数字 | **angka** アンカ |
| 0（ゼロ） | **nol** ノル |
| 1 | **satu** サトゥ |
| 2 | **dua** ドゥア |
| 3 | **tiga** ティガ |
| 4 | **empat** ウンパッ |
| 5 | **lima** リマ |
| 6 | **enam** ウナム |
| 7 | **tujuh** トゥジュ |
| 8 | **delapan** ドゥラパン |
| 9 | **sembilan** スンビラン |
| 10 | **sepuluh** スプルゥ |
| 11 | **sebelas** スブラス |
| 12 | **dua belas** ドゥア ブラス |
| 30 | **tiga puluh** ティガ プルゥ |
| 100 | **seratus** スラトゥス |
| 1000 | **seribu** スリブゥ |
| 1万 | **sepuluh ribu** スプルゥ リブゥ |
| 10万 | **seratus ribu** スラトゥス リブゥ |
| 100万 | **satu juta** サトゥ ジュタ / **sejuta** スジュタ |
| 10億 | **satu miliar** サトゥ ミリアル |
| 1兆 | **satu triliun** サトゥ トリリウン |
| 0.5 | **0,5** (=nol koma lima) ノル コマ リマ |
| 1番目 | **pertama** プルタマ |
| 長子 | anak *pertama* |
| 2番目 | **kedua** クドゥア |
| 何番目 | **keberapa** クブラパ |

## 単位・量

| | |
|---|---|
| 合計 | **jumlah** ジュムラ, **total** トタル |
| グラム | **gram** グラム |
| キログラム | **kilogram** キログラム |
| メートル | **méter** メトル |
| センチメートル | **séntiméter** センティメトル |
| キロメートル | **kilométer** キロメトル |
| 〜平方 | **persegi** プルスギ |
| 　50 平方キロメートル | lima puluh kilométer *persegi* |
| アール | **are** アーロ |
| リットル | **liter** リトル |
| パーセント | **persén** プルセン |
| 〜人 | **orang** オラン |
| 〜個 | **buah** ブア |
| 〜組 | **pasang** パサン |
| 〜より多い（以上） | **lebih dari** ルビ ダリ |
| 　100 人を越える | *lebih dari* seratus orang |
| 〜より少ない（以下） | **di bawah** ディ バワ |
| 　1000 ドルを下回る | *di bawah* seribu dolar |
| ルピア | **rupiah** ルピア (=Rp) |
| ドル | **dolar** ドラール |
| 円 | **yén** イェン |
| 半分 | **setengah** ストゥンガ, **separuh** スパロ |
| 〜分の…〔分数〕 | **per** プル |
| 　4 分の 1 / 15 分 | *seperempat* |
| 　3 分の 2 | dua *pertiga* |
| 回数、〜回 | **kali** カリ |
| 　4 回 | empat *kali* |

## 時間

|  |  |
|---|---|
| 時間 | **waktu** ワクトゥ |
| 今 | **sekarang** スカラン |
| さっき | **tadi** タディ |
| あとで | **nanti** ナンティ |
| 朝 | **pagi** パギ |
| 昼 | **siang** シアン |
| 夕方 | **soré** ソレ, **petang** プタン |
| 夜 | **malam** マラム |
| 早朝 | **pagi-pagi** パギパギ |
| 真夜中 | **tengah malam** トゥンガ マラム |
| 今朝 | **tadi pagi** タディ パギ, **pagi ini** パギ イニ |
| 今晩 | **nanti malam** ナンティ マラム, **malam ini** マラム イニ |
| 昨晩 | **tadi malam** タディ マラム, **semalam** スマラム |
| 今日 | **hari ini** ハリ イニ |
| 明日 | **bésok** ベソッ |
| 昨日 | **kemarin** クマリン |
| 明後日 | **lusa** ルサ |
| 一昨日 | **kemarin dulu** クマリン ドゥルゥ, **kemarin lusa** クマリン ルサ |
| 月 | **bulan** ブーラン |
| 年 | **tahun** タウン / タフン |
| 2013年 | *tahun* 2013 (dua ribu tiga belas) |
| 11年間 | sebelas *tahun* |
| 世紀 | **abad** アバッ |
| 来〜 | **〜 yang akan datang** ヤン アカン ダタン, **〜 depan** ドゥパン |
| 来週 | minggu *yang akan datang*, minggu *depan* |
| 今〜 | **〜 ini** イニ |
| 今週 | minggu *ini* |

186

| | |
|---|---|
| 先〜 | **〜yang lalu** ヤン ラルゥ, **lalu** ラルゥ |
| 先週 | minggu *yang lalu*, minggu *lalu* |
| 初旬 | **awal** アワル |
| 月の初め | *awal* bulan |
| 中旬 | **pertengahan** プルトゥガハン |
| 1月中旬 | *pertengahan* bulan Januari |
| 下旬 | **akhir** アヒール |
| 今年末 | *akhir* tahun ini |
| 〜前 | **〜yang lalu** ヤン ラルゥ, **lalu** ラルゥ |
| 3か月前 | tiga bulan *yang lalu* |
| 〜後 | **〜yang akan datang** ヤン アカン ダタン, **〜lagi** ラギ |
| 5年後 | lima tahun *yang akan datang*, lima tahun *lagi* |
| およそ | **kira-kira** キラキラ, **sekitar** スキタル |
| 毎〜 | **setiap** スティアップ / **tiap** ティアップ |
| 毎年 | *setiap* tahun |
| 〜時 | **jam** ジャム |
| 午後1時 | *jam* satu siang |
| 〜時半 | **jam setengah** ジャム ストゥンガ |
| 1時半 | *jam setengah* dua |
| 〜時…分 | **jam**〜 **léwat**…**(menit)** ジャム〜 レワッ…(ムニッ) |
| 午前4時5分 | *jam* empat *léwat* lima pagi |
| 〜分前 | **kurang** クーラン |
| 5時15分前 | jam lima *kurang* seperempat, jam lima *kurang* lima belas menit |
| 〜日〔日付〕 | **tanggal** タンガル |
| 3月1日 | *tanggal* satu (bulan) Maret |
| 〜日間 | **〜hari** ハリ |
| 6日間 | enam *hari* |

## 曜日・月・季節

|  |  |
|---|---|
| 月曜日 | **hari Senin** ハリ スニン |
| 火曜日 | **hari Selasa** ハリ スラサ |
| 水曜日 | **hari Rabu** ハリ ラブゥ |
| 木曜日 | **hari Kamis** ハリ カミス |
| 金曜日 | **hari Jumat** ハリ ジュマッ |
| 土曜日 | **hari Sabtu** ハリ サブトゥ |
| 日曜日 | **hari Minggu** ハリ ミングゥ |
| 何曜日？ | **Hari apa?** ハリ アパ |
| 1月 | **bulan Januari** ブーラン ジャヌアリ |
| 2月 | **bulan Fébruari** ブーラン フェブルアリ |
| 3月 | **bulan Maret** ブーラン マレッ |
| 4月 | **bulan April** ブーラン アプリル |
| 5月 | **bulan Méi** ブーラン メイ |
| 6月 | **bulan Juni** ブーラン ジュニ |
| 7月 | **bulan Juli** ブーラン ジュリ |
| 8月 | **bulan Agustus** ブーラン アグストゥス |
| 9月 | **bulan Séptémber** ブーラン セプテンブル |
| 10月 | **bulan Oktober** ブーラン オクトブル |
| 11月 | **bulan Novémber** ブーラン ノフェンブル |
| 12月 | **bulan Désémber** ブーラン デセンブル |
| 何月？ | **Bulan apa?** ブーラン アパ |
| 雨期 | **musim hujan** ムシム フジャン |
| 乾期 | **musim kemarau** ムシム クマロウ |
| 春 | **musim semi** ムシム スミ |
| 夏 | **musim panas** ムシム パナス |
| 秋 | **musim gugur** ムシム ググール |
| 冬 | **musim dingin** ムシム ディギン |

## 位置・方角

| | |
|---|---|
| 場所、位置 | **tempat** トゥンパッ, **lokasi** ロカシ |
| 方向、方角 | **arah** アラ |
| ～で、～に | **di** ディ |
| ～へ、～に | **ke** ク |
| ～から | **dari** ダリ |
| ～まで | **sampai** サンパイ |
| ここ | **sini** シニ |
| そこ | **situ** シトゥ |
| あそこ | **sana** サナ |
| 上 | **atas** アタス |
| 下 | **bawah** バワ |
| 前 | **depan** ドゥパン |
| 後ろ | **belakang** ブラカン |
| 中 | **dalam** ダラム, **tengah** トゥンガ |
| 外 | **luar** ルアル |
| 右 | **kanan** カナン |
| 左 | **kiri** キリ |
| 横 | **samping** サンピン, **sebelah** スブラ |
| 　　右側に立つ | berdiri di *sebelah* kanan |
| 中央、中心 | **pusat** プサッ, **tengah** トゥンガ |
| 東 | **timur** ティムル |
| 西 | **barat** バラッ |
| 南 | **selatan** スラタン |
| 北 | **utara** ウタラ |
| 北東 | **timur laut** ティムル ラウッ |
| 北西 | **barat laut** バラッ ラウッ |
| 南西 | **barat daya** バラッ ダヤ |

## 自然・天候

| | |
|---|---|
| 自然 | **alam** アラム |
| 環境 | **lingkungan** リンクガン |
| 地球 | **bumi** ブミ |
| 太陽 | **matahari** マタハリ |
| 月 | **bulan** ブーラン |
| 星 | **bintang** ビンタン |
| 光 | **sinar** シナール, **cahaya** チャハヤ |
| 山 | **gunung** グヌン |
| 頂上 | **puncak** プンチャッ |
| 海 | **laut** ラウッ |
| 川 | **sungai** スゥガイ |
| 湖 | **danau** ダナウ |
| 波 | **ombak** オンバッ, **gelombang** グロンバン |
| 陸 | **darat** ダラッ |
| 島 | **pulau** プロウ |
| 山地 | **pegunungan** プグヌガン |
| 平地、平野 | **dataran** ダタラン |
| 丘 | **bukit** ブキッ |
| 谷 | **jurang** ジュラン, **lembah** ルンバ |
| 滝 | **air terjun** アイル トゥルジュン |
| 海峡 | **selat** スラッ |
| 半島 | **semenanjung** スムナンジュン |
| 海岸 | **pantai** パンタイ |
| 大海 | **lautan** ラウタン, **samudra** サムドラ |
| 　太平洋 | *Lautan* Pasifik, *Samudra* Pasifik |
| 諸島、列島 | **kepulauan** クプロアン |
| 田 | **sawah** サワ |

| | |
|---|---|
| 畑 | **ladang** ラダン, **kebun** クブン |
| 水 | **air** アイル |
| 風 | **angin** アギン |
| 火 | **api** アピ |
| 空気、大気 | **udara** ウダラ, **hawa** ハワ |
| 雲 | **awan** アワン |
| 岩、石 | **batu** バトゥ |
| 地面、土 | **tanah** タナ |
| 砂 | **pasir** パシール |
| 天気、気候 | **cuaca** チュアチャ, **iklim** イクリム |
| 晴れ | **cerah** チュラ |
| 雨 | **hujan** フジャン |
| 雪 | **salju** サルジュ |
| 曇り | **mendung** ムンドゥン |
| 雷 | **halilintar** ハリリンタル, **petir** プティル |
| 虹 | **pelangi** プランギ |
| 霧 | **kabut** カブッ |
| 台風、嵐、大風 | **badai** バダイ, **topan** トパン |
| 洪水、浸水 | **banjir** バンジル |
| 土砂崩れ、地滑り | **(tanah) longsor** (タナ) ロンソル |
| 地震 | **gempa (bumi)** グンパ (ブミ) |
| 津波 | **tsunami** ツナミ |
| (太陽などが) 昇る | **terbit** トゥルビッ |
| (太陽などが) 沈む | **terbenam** トゥルブナム |
| 日食、月食 | **gerhana** グルハナ |
| 赤道 | **katulistiwa** カトゥリスティワ |
| 気温 | **suhu udara** スフゥ ウダラ |
| 湿度 | **kelembaban** クルンババン |

## 資源・素材

| | |
|---|---|
| 天然資源 | **sumber alam** スンブル アラム |
| 材料、素材 | **bahan** バハン |
| 　燃料 | *bahan* bakar |
| 石炭 | **batu bara** バトゥ バラ |
| 石油 | **minyak tanah** ミニャッ タナ |
| ガス | **gas** ガス |
| 　天然ガス | *gas* alam |
| 電気 | **listrik** リストリッ |
| 〜力 | **tenaga** トゥナガ |
| 　電力 | *tenaga* listrik |
| 　原子力 | *tenaga* nuklir |
| 鉄 | **besi** ブシ |
| 鋼 | **baja** バジャ |
| 金 | **emas** ウマス |
| 銀 | **pérak** ペラッ |
| 銅 | **tembaga** トゥンバガ |
| 錫 | **timah** ティマ |
| 金属 | **logam** ロガム |
| 宝石 | **permata** プルマタ |
| 真珠 | **mutiara** ムティアラ |
| ガラス | **kaca** カチャ |
| 綿 | **katun** カトゥン |
| 絹 | **sutra** ストラ |
| 木、木材 | **kayu** カユゥ |
| 紙 | **kertas** クルタス |
| 皮、革 | **kulit** クリッ |
| ビニール、プラスチック | **plastik** プラスティッ |

## 植物

| | |
|---|---|
| 植物 | **tumbuhan** トゥンブハン |
| 作物 | **tanaman** タナマン |
| 木 | **pohon** ポホン |
| 草 | **rumput** ルンプッ |
| 根 | **akar** アカル |
| 種（タネ） | **biji** ビジ, **batu** バトゥ |
| 実、果物 | **buah** ブア |
| 花 | **bunga** ブンガ, **kembang** クンバン |
| 枝 | **cabang** チャバン |
| 葉 | **daun** ダウン |
| 茎、幹 | **batang** バタン |
| つぼみ、若芽 | **pucuk** プチュッ |
| 竹 | **bambu** バンブゥ |
| キノコ | **jamur** ジャムール |
| ヤシ | **kelapa** クラパ |
| マングローブ | **bakau** バカウ |
| ゴム | **karét** カレッ |
| ベンジャミン | **beringin** ブリンギン |
| モクマオウ | **cemara** チュマラ |
| チーク | **jati** ジャティ |
| 籐、ラタン | **rotan** ロタン |
| 蘭 | **anggrék** アングレッ |
| インドソケイ、プルメリア | **kamboja** カンボジア |
| ハイビスカス | **kembang sepatu** クンバン スパトゥ |
| バラ | **mawar** マワル |
| 蓮 | **teratai** トゥラタイ |
| ジャスミン | **melati** ムラティ |

| 動物 | |
|---|---|
| 動物 | **binatang** ビナタン, **héwan** ヘワン |
| 魚 | **ikan** イカン |
| 鳥 | **burung** ブルン |
| 虫 | **serangga** スランガ |
| サンゴ | **karang** カラン |
| 貝 | **kerang** クラン |
| 鶏 | **ayam** アヤム |
| ブタ | **babi** バビ |
| 馬 | **kuda** クダ |
| ゾウ | **gajah** ガジャ |
| カモ、アヒル | **bébék** ベベッ, **itik** イティッ |
| 牛 | **sapi** サピ |
| 水牛 | **kerbau** クルバウ |
| ヤギ | **kambing** カンビン |
| ヒツジ | **domba** ドンバ |
| シカ | **kijang** キジャン, **rusa** ルサ |
| オランウータン | **orang utan** オラン ウタン |
| トラ | **harimau** ハリマウ |
| ライオン | **singa** シンガ |
| イノシシ | **babi hutan** バビ フタン |
| サル | **monyét** モニェッ, **kera** クラ |
| クジラ | **paus** パウス |
| サメ | **hiu** ヒウ |
| サイ | **badak** バダッ |
| ワニ | **buaya** ブアヤ |
| ウミガメ | **penyu** プニュウ |
| カメ | **kura-kura** クラクラ |

| | |
|---|---|
| ワシ、タカ | **elang** ウラン |
| ハト | **merpati** ムルパティ, **dara** ダラ |
| 九官鳥 | **kakak tua** カカットゥア |
| 犬 | **anjing** アンジン |
| 猫 | **kucing** クチン |
| ウサギ | **kelinci** クリンチ |
| ネズミ | **tikus** ティクス |
| ヤモリ | **cicak** チチャッ |
| トッケイ（大ヤモリ） | **tokék** トケッ |
| ヘビ | **ular** ウラル |
| トカゲ | **kadal** カダル |
| カエル | **katak** カタッ, **kodok** コドッ |
| ゴキブリ | **kecoa** クチョア |
| 蝶、蛾 | **kupu-kupu** クプックプゥ |
| クモ | **laba(h)-laba(h)** ラバラバ |
| ハエ | **lalat** ララッ |
| ハチ | **lebah** ルバ |
| 蚊 | **nyamuk** ニャムッ |
| アリ | **semut** スムッ |
| ヒル | **lintah** リンタ |
| バッタ、イナゴ | **belalang** ブララン |
| コオロギ | **jangkrik** ジャンクリッ |
| トンボ | **capung** チャプン |
| ミミズ | **cacing** チャチン |
| 毛虫、幼虫 | **ulat** ウラッ |
| シラミ、ノミ | **kutu** クトゥ |
| オス | **jantan** ジャンタン |
| メス | **betina** ブティナ |

## 人のからだ

| | |
|---|---|
| 身体 | **badan** バダン, **tubuh** トゥブゥ |
| 頭 | **kepala** クパラ |
| 首 | **léhér** レヘル |
| 背中、背骨 | **punggung** プングン |
| 胸 | **dada** ダダ |
| 乳房 | **susu** ススゥ, **payudara** パユダラ |
| 肩 | **bahu** バフゥ |
| 腰 | **pinggang** ピンガン |
| 腹 | **perut** プルッ |
| 腕 | **lengan** ルガン |
| ひじ | **siku** シクゥ |
| 手 | **tangan** タガン |
| 手のひら、足の裏 | **telapak** テラパッ |
| 太もも | **paha** パハ |
| ひざ | **lutut** ルトゥッ |
| 尻 | **pantat** パンタッ |
| 足 | **kaki** カキ |
| ふくらはぎ | **betis** ブティス |
| 指 | **jari** ジャリ |
| 爪 | **kuku** ククゥ |
| 性器 | **alat kelamin** アラッ クラミン |
| 顔 | **muka** ムカ |
| 目 | **mata** マタ |
| 鼻 | **hidung** ヒドゥン |
| 口 | **mulut** ムルッ |
| 耳 | **telinga** トゥリンガ |
| のど | **tenggorokan** トゥンゴロカン |

| | |
|---|---|
| ひたい | **dahi** ダヒ |
| あご | **dagu** ダグゥ |
| 頬 | **pipi** ピピ |
| 唇 | **bibir** ビビル |
| 歯 | **gigi** ギギ |
| 舌 | **lidah** リダ |
| 眉毛 | **alis** アリス |
| まつげ | **bulu mata** ブルゥ マタ |
| 髪の毛 | **rambut** ランブッ |
| 脳 | **otak** オタッ |
| 心臓 | **jantung** ジャントゥン |
| 胃 | **lambung** ランブン |
| 腸 | **usus** ウスゥス |
| 肺 | **paru-paru** パルゥパルゥ |
| 骨 | **tulang** トゥラン |
| 筋肉 | **otot** オトッ |
| 関節 | **sendi** スンディ |
| 皮膚、肌 | **kulit** クリッ |
| 血 | **darah** ダラ |
| 汗 | **keringat** クリンガッ |
| 涙 | **air mata** アイル マタ |
| 大便（をする） | **buang air besar** ブアン アイル ブサル, **bérak** ベラッ |
| 小便（をする） | **kencing** クンチン |
| にきび | **jerawat** ジュラワッ |
| 鼻水 | **ingus** イングス |
| 唾液 | **ludah** ルダ, **air liur** アイル リウル |
| フケ | **ketombé** クトンベ |
| 月経、生理 | **méns** メン, **haid** ハイッド |

## 病気

| | |
|---|---|
| 病気の、痛い | **sakit** サキッ |
| 健康な | **séhat** セハッ |
| 治る | **sembuh** スンブウ |
| 症状 | **gejala** グジャラ |
| 吐き気がする | **mual** ムアル |
| 気絶する | **pingsan** ピンサン |
| 下痢をする | **mencerét** メンチェレッ, **diaré** ディアレ |
| 嘔吐する | **muntah** ムンタ |
| 頭痛がする | **sakit kepala** サキッ クパラ, **pusing** プシン |
| 熱（がある） | **demam** ドゥマム |
| 咳 | **batuk** バトゥッ |
| かゆい | **gatal** ガタル |
| 腫れる | **bengkak** ブンカッ |
| 炎症 | **radang** ラダン |
| 出血する | **berdarah** ブルダラ |
| 風邪をひく | **masuk angin** マスッ アギン |
| 病気 | **penyakit** プニャキッ |
| インフルエンザ | **flu** フルゥ |
| デング熱 | **demam berdarah** ドゥマム ブルダラ |
| 糖尿病 | **diabétés** ディアベテス, **kencing manis** クンチン マニス |
| 癌 | **kanker** カンクル |
| 心臓病 | **sakit jantung** サキッ ジャントゥン |
| 脳出血 | **struk** ストルッ |
| 赤痢 | **diséntri** ディセントリ |
| 水ぼうそう | **cacar air** チャチャル アイル |
| ケガ、傷 | **luka** ルカ |

| | |
|---|---|
| 骨折する | **patah tulang** パタ トゥラン |
| ねんざする | **keseléo** クセレオ |
| 吹き出物、湿疹 | **bisul** ビスル, **bintik** ビンティッ |
| 膿 | **nanah** ナナ |
| 妊娠する | **hamil** ハミル |
| 流産する | **gugur** ググール |
| 出産する | **melahirkan** ムラヒルカン |
| 病院 | **rumah sakit** ルマ サキッ |
| 医師 | **dokter** ドクトゥル |
| 看護師 | **perawat** プラワッ |
| 患者 | **pasién** パシエン |
| 診察 | **pemeriksaan** プムリクサアン |
| 治療 | **pengobatan** プゴバタン |
| 入院する | **opname** オプナモ, **masuk rumah sakit** マスッ ルマ サキッ |
| 手術 | **operasi** オプラシ, **bedah** ブダ |
| 注射 | **suntik** スンティッ |
| 点滴 | **impus** インプス |
| 薬局 | **apoték** アポテッ, **apotik** アポティッ |
| 処方箋 | **resép** レセップ |
| 薬 | **obat** オバッ |
| 包帯 | **perban** プルバン |
| ばんそうこう | **pléster** プレステル |
| 塗り薬 | **salep** サルップ |
| 血液型 | **golongan darah** ゴロガン ダラ |
| 血圧 | **tekanan darah** トゥカナン ダラ |
| 　高血圧 | *tekanan* darah tinggi |
| 体温 | **suhu badan** スフゥ バダン |

## 感覚・感情

| | |
|---|---|
| 暑い、熱い | **panas** パナス |
| 寒い、冷たい | **dingin** ディギン |
| 温かい、暖かい | **hangat** ハンガッ |
| 涼しい | **sejuk** スジュッ |
| 良い香りの | **harum** ハルム, **wangi** ワンギィ |
| くさい | **bau** バウ, **berbau** ブルバウ |
| 満腹な | **kenyang** クニャン, **penuh** プヌゥ |
| 空腹な | **lapar** ラパル |
| のどが渇く | **haus** ハウス |
| 疲れた | **capai** チャパイ |
| 眠い | **mengantuk** ムガントゥッ |
| 好きだ | **suka** スカ |
| 好きだ、愛しい | **cinta** チンタ, **sayang** サヤン |
| 憎い | **benci** ブンチ |
| 嬉しい、楽しい | **senang** スナン, **gembira** グンビラ |
| 残念な | **sayang** サヤン |
| 悲しい | **sedih** スディ |
| 苦しい、困った、つらい | **susah** スサ |
| 怖い | **takut** タクッ, **ngeri** グリ |
| 心配な、不安な | **khawatir** ハワティル, **kecéwa** クチェワ |
| 安心な、落ち着く | **tenang** トゥナン |
| 恥ずかしい | **malu** マルゥ |
| 驚く | **kagét** カゲッ, **terkejut** トゥルクジュッ |
| 怒る | **marah** マラ |
| 泣く | **menangis** ムナギス |
| 笑う | **tertawa** トゥルタワ |
| 気持ち、感情 | **perasaan** プラサアン |

## 人の描写

| | |
|---|---|
| 大きい | **besar** ブサル |
| 小さい | **kecil** クチル |
| 背が高い | **tinggi** ティンギ, **jangkung** ジャンクン |
| 背が低い | **péndék** ペンデッ |
| 太った | **gemuk** グムッ |
| やせた | **kurus** クルス, **langsing** ランシン |
| 強い、丈夫な | **kuat** クアッ |
| 若い | **muda** ムダ |
| 年老いた | **tua** トゥア, **lansia** ランシア |
| 美人の | **cantik** チャンティッ |
| ハンサムな | **tampan** タンパン, **ganteng** ガントゥン |
| 優しい、善人の | **baik** バイッ, **baik hati** バイッ ハティ |
| 悪人の、下品な | **jahat** ジャハッ, **kasar** カサル |
| 礼儀正しい、上品な | **sopan** ソパン, **halus** ハルス |
| 裕福な | **kaya** カヤ, **mampu** マンプゥ |
| 貧しい | **miskin** ミスキン |
| 賢い | **pandai** パンダイ, **pintar** ピンタル, **cerdas** チュルダス |
| 愚かな | **bodoh** ボド |
| 勤勉な | **rajin** ラジン |
| 怠け者の | **malas** マラス, **pemalas** プマラス |
| きかんぼう、不良の | **nakal** ナカル |
| 生意気な、横柄な | **sombong** ソンボン, **angkuh** アンクゥ |
| おもしろい、かわいい | **lucu** ルチュ |
| 忙しい | **sibuk** シブッ, **répot** レポッ |
| 無口な | **pendiam** プンディアム |
| 誠実な | **jujur** ジュジュル |
| リラックスした、のんびりした | **santai** サンタイ |

## 人生

| | |
|---|---|
| 人生、生活 | **kehidupan** クヒドゥパン |
| 老人 | **orang tua** オラン トゥア |
| 大人 | **orang déwasa** オラン デワサ |
| 若者 | **pemuda** プムダ, **orang muda** オラン ムダ |
| 赤ちゃん | **bayi** バイ |
| 乳幼児 | **balita** バリタ |
| 男 | **laki-laki** ラキラキ, **pria** プリア |
| 　兄 | kakak *laki-laki* |
| 女 | **perempuan** プルンプアン, **wanita** ワニタ |
| 　娘、女の子 | anak *perempuan* |
| 運命 | **nasib** ナシップ |
| 恋人 | **pacar** パチャル |
| 運命の相手 | **jodoh** ジョド |
| 友達 | **teman** トゥマン, **kawan** カワン |
| 儀式 | **upacara** ウパチャラ |
| 生まれる | **lahir** ラヒル |
| 生きる | **hidup** ヒドゥプ |
| 死ぬ | **mati** マティ, **meninggal** ムニンガル |
| 結婚する | **menikah** ムニカ, **kawin** カウィン |
| 所帯を持った | **berkeluarga** ブルクルアルガ |
| 離婚する | **bercerai** ブルチュライ |
| 退職する | **pénsiun** ペンシウン |
| 子孫 | **keturunan** クトゥルナン |
| 先祖 | **nénék moyang** ネネッ モヤン |
| 世代 | **générasi** ゲネラシ |
| 年齢 | **umur** ウムール, **usia** ウシア |
| 経歴、履歴（書） | **riwayat hidup** リワヤッ ヒドゥプ |

## 仕事・職業

|  |  |
|---|---|
| 仕事、職業 | **pekerjaan** プクルジャアン |
| 事業 | **usaha** ウサハ, **proyék** プロイェツ |
| 企業、会社 | **perusahaan** プルウサハアン |
| 民間、私立 | **swasta** スワスタ |
| 職員、従業員 | **pegawai** プガワイ, **karyawan** カルヤワン |
| 公務員 | **pegawai negeri** プガワイ ヌグリ |
| 労働者 | **buruh** ブルゥ, **pekerja** プクルジャ |
| 農民 | **petani** プタニ |
| 商人 | **pedagang** プダガン |
| 職人、〜屋 | **tukang** トゥカン |
| 露天商 | **kaki lima** カキ リマ |
| 警備員 | **penjaga** プンジャガ, **satpam** サトパム |
| 家政婦、補佐 | **pembantu** プンバントゥ |
| 警官 | **polisi** ポリシ |
| 裁判官 | **hakim** ハキム |
| 弁護士 | **pengacara** プガチャラ, **advokat** アドフォカッ |
| 記者 | **wartawan** ワルタワン |
| 失業（者） | **pengangguran** プガングラン |
| 社長、重役 | **diréktur** ディレクトゥル |
| 長、リーダー | **kepala** クパラ, **pemimpin** プミンピン |
| 給料 | **gaji** ガジ |
| 経済 | **ékonomi** エコノミ |
| 工業、商業 | **industri** インドゥストリ |
| 漁業 | **perikanan** プリカナン |
| 農業 | **pertanian** プルタニアン |
| 求人 | **lowongan** ロウォガン |

## 勉強・学校

| | |
|---|---|
| 勉強する | **belajar** ブラジャル, **mempelajari** ムンプラジャリ |
| 教える | **mengajar** ムガジャル |
| 合格する | **lulus** ルルス |
| 卒業する | **tamat** タマッ, **lulus** ルルス |
| 教育 | **pendidikan** プンディディカン, **pengajaran** プガジャラン |
| 学問、〜学 | **ilmu** イルムゥ, **studi** ストゥディ |
| 学習、勉強 | **pelajaran** プラジャラン, **studi** ストゥディ |
| 教師 | **guru** グルゥ, **pengajar** プガジャル |
| 生徒、学生、教え子 | **siswa** シスワ, **pelajar** プラジャル, **murid** ムリィド |
| 大学生 | **mahasiswa** マハシスワ |
| 大学教員 | **dosén** ドセン |
| 本 | **buku** ブクゥ |
| 辞書 | **kamus** カムス |
| クラス、授業 | **kelas** クラス, **pelajaran** プラジャラン |
| 講義 | **kuliah** クリア |
| 試験 | **ujian** ウジアン |
| 数学 | **matématika** マテマティカ |
| 歴史 | **sejarah** スジャラ |
| 文学 | **sastra** サストラ |
| 学校 | **sekolah** スコラ |
| 幼稚園 | **TK** テーカー (=Taman Kanak-Kanak) |
| 小学校 | **SD** エステー (=Sekolah Dasar) |
| 中学校 | **SMP** エスエムペー (=Sekolah Menengah Pertama) |
| 高校 | **SMA** エスエムアー (=Sekolah Menengah Atas), **SMU** エスエムウー (=Sekolah Menengah Umum) |
| 大学 | **univérsitas** ウニフェルシタス |
| 習い事、教室、塾 | **kursus** クルスス, **lés** レス |

## 衣類

| | |
|---|---|
| 衣類、服 | **pakaian** パカイアン, **baju** バジュ |
| 　下着 | *pakaian* dalam |
| 　伝統衣装 | *pakaian* adat |
| 上着 | **baju** バジュ, **jas** ジャス, **jakét** ジャケッ |
| ワイシャツ | **keméja** クメジャ |
| スカート | **rok** ロッ |
| Tシャツ | **baju kaos** バジュ カオス |
| ネクタイ | **dasi** ダシ |
| ズボン | **celana** チュラナ |
| 帯、ベルト | **sabuk** サブッ |
| 靴下 | **kaos kaki** カオス カキ |
| パンツ | **celana dalam** チュラナ ダラム |
| ブラジャー | **BH** ベーハー |
| 帽子 | **topi** トピ |
| 眼鏡 | **kacamata** カチャマタ |
| ハンカチ | **sapu tangan** サプゥ タガン |
| 靴 | **sepatu** スパトゥ |
| アクセサリー | **perhiasan** プルヒアサン |
| 指輪 | **cincin** チンチン |
| ネックレス | **kalung** カルン |
| イヤリング | **anting-anting** アンティンアンティン |
| ろうけつ染め | **batik** バティッ |
| 腰巻き、布 | **kain** カイン |
| ブラウス〔伝統衣装・女性用〕 | **kebaya** クバヤ |
| ショール、帯〔伝統衣装・女性用〕 | **seléndang** スレンダン |
| スカーフ〔イスラム女性がかぶる〕 | **jilbab** ジルバッブ, **kerudung** クルドゥン |
| イスラム帽 | **péci** ペチ |

## 調理・味

| | |
|---|---|
| フォーク | **garpu** ガルプゥ |
| スプーン | **séndok** センドッ |
| 箸 | **sumpit** スンピッ |
| 皿 | **piring** ピリン |
| お椀、茶碗 | **mangkok** マンコッ |
| カップ | **cangkir** チャンキル |
| グラス、コップ | **gelas** グラス |
| ビン | **botol** ボトル |
| 鍋 | **panci** パンチ |
| 中華鍋 | **penggoréngan** プンゴレガン |
| 包丁、ナイフ | **pisau** ピソウ |
| 味 | **rasa** ラサ |
| 酸っぱい | **asam** アサム |
| 塩辛い | **asin** アシン |
| おいしい | **énak** エナッ |
| 甘い | **manis** マニス |
| 苦い | **pahit** パヒッ |
| 辛い | **pedas** プダス |
| 火が通った、熟した | **matang** マタン |
| 生の | **mentah** ムンタ |
| 切る | **memotong** ムモトン |
| 焼く | **memanggang** ムマンガン, **membakar** ムンバカル |
| 料理する、煮る | **memasak** ムマサッ |
| 油で調理する、揚げる | **menggoréng** ムンゴレン |
| 蒸す | **mengukus** ムグクス |
| ゆでる | **merebus** ムルブス |

## 野菜・果物

| | |
|---|---|
| 野菜 | **sayur** サユール |
| キュウリ | **ketimun** クティムン, **mentimun** ムンティムン |
| キャベツ | **kol** コル |
| トウモロコシ | **jagung** ジャグン |
| ニンジン | **wortel** ウォルテル |
| イモ | **ubi** ウビ |
| キャッサバ | **singkong** シンコン |
| ジャガイモ | **kentang** クンタン |
| ナス | **térong** テロン, **terung** トゥルン |
| ウリ | **labu** ラブゥ |
| 菜っ葉 | **sawi** サウィ, **bayam** バヤム |
| 空心菜 | **kangkung** カンクン |
| 落花生 | **kacang tanah** カチャン タナ |
| 大豆 | **kacang kedelai** カチャン クデレイ |
| 果物 | **buah** ブア |
| ミカン、柑橘類 | **jeruk** ジュルッ |
| ブドウ | **anggur** アングル |
| リンゴ | **apel** アプル |
| パパイヤ | **pepaya** プパヤ |
| バナナ | **pisang** ピサン |
| スイカ | **semangka** スマンカ |
| ドリアン | **durian** ドゥリアン |
| パイナップル | **nanas** ナナス |
| ジャックフルーツ | **nangka** ナンカ |
| マンゴー | **mangga** マンガ |
| マンゴスチン | **manggis** マンギス |

## 穀類・調味料など

| | |
|---|---|
| 米 | **beras** ブラス |
| ご飯 | **nasi** ナシ |
| 黒米 | **beras hitam** ブラス ヒタム |
| もち米 | **beras ketan** ブラス クタン |
| 麺 | **mi** ミ / **mie** ミ |
| パン | **roti** ロティ |
| 粉 | **tepung** トゥプン |
| 　小麦粉 | *tepung* terigu |
| 　米粉 | *tepung* beras |
| タピオカ | **kanji** カンジ |
| 肉 | **daging** ダギン |
| 　鶏肉 | *daging* ayam |
| 　牛肉 | *daging* sapi |
| 　ヤギ肉 | *daging* kambing |
| 　豚肉 | *daging* babi |
| 魚 | **ikan** イカン |
| ナマズ | **lélé** レレ |
| マグロ | **tuna** トゥナ |
| スマ〔カツオに似た魚〕 | **tongkol** トンコル |
| 鯛 | **kakap** カカップ |
| ドジョウ、ウナギ | **belut** ブルツ |
| 小魚〔カタクチイワシなど〕 | **teri** トゥリ |
| エビ | **udang** ウダン |
| イカ | **cumi-cumi** チュミチュミ |
| カニ | **kepiting** クピティン |
| 卵 | **telur** トゥルール |
| 豆腐 | **tahu** タフウ |

| | |
|---|---|
| テンペ〔大豆の発酵食品〕 | **témpé** テンペ |
| 調味料 | **bumbu** ブンブゥ |
| 香辛料 | **rempah-rempah** ルンパルンパ |
| 塩 | **garam** ガラム |
| 砂糖 | **gula** グラ |
| コショウ | **merica** ムリチャ, **lada** ラダ |
| 油 | **minyak** ミニャッ |
| バター、マーガリン | **mentéga** ムンテガ |
| しょうゆ | **kécap asin** ケチャップ アシン |
| フレーバーソース | **kécap manis** ケチャップ マニス |
| 魚醤 | **terasi** トゥラシ |
| チリソース | **sambal** サンバル |
| ココナッツミルク | **santan** サンタン |
| 酢 | **cuka** チュカ |
| 唐辛子 | **cabai** チャバイ, **cabé** チャベ |
| エシャロット | **bawang mérah** バワン メラ |
| ニンニク | **bawang putih** バワン プティ |
| ショウガ | **jahé** ジャヘ |
| ウコン | **kunyit** クニッ |
| トマト | **tomat** トマッ |
| キャンドルナッツ | **kemiri** クミリ |
| タマリンド | **asam** アサム |
| シナモン | **kayu manis** カユゥ マニス |
| レモングラス | **serai** スライ, **seré** スレ |
| 丁字、クローブ | **cengkéh** チュンケ |
| インドネシアローリエ | **daun salam** ダウン サラム |
| パンダヌス | **pandan** パンダン |
| ライム | **jeruk nipis** ジュルッ ニピス |

## 食べ物・飲み物

| | |
|---|---|
| 食べ物 | **makanan** マカナン |
| 料理 | **masakan** マサカン |
| ～揚げ、フライ | **～ goréng** ゴレン |
| 　鶏肉の揚げたもの | ayam *goréng* |
| 　魚の揚げたもの | ikan *goréng* |
| 　バナナのフリッター | pisang *goréng* |
| ～焼き | **～ bakar** バカル**, ～ panggang** パンガン |
| 　鶏肉を焼いたもの | ayam *bakar* |
| 　魚を焼いたもの | ikan *panggang* |
| 串焼き | **saté** サテ |
| 　焼き鳥 | *saté* ayam |
| 　ヤギ肉の串焼き | *saté* kambing |
| インドネシア風肉スープ | **soto** ソト |
| 　鶏肉のスープ | *soto* ayam |
| スープ | **sup** スップ **/ sop** ソップ |
| バナナの葉で包んだ蒸し焼き | **pépés** ペペス |
| 　魚の蒸し焼き | *pépés* ikan |
| ゆで野菜のピーナッツソース和え | **gado-gado** ガドガド |
| 白いご飯 | **nasi putih** ナシ プティ |
| ウコンで色付けした黄飯〔祝宴に作る〕 | **nasi kuning** ナシ クニン |
| チャーハン | **nasi goréng** ナシ ゴレン |
| 焼きそば | **mie goréng** ミ ゴレン |
| 汁そば、ラーメン | **mie kuah** ミ クア |
| おかゆ | **bubur** ブブール |
| 　鶏肉のおかゆ | *bubur* ayam |
| ちまき | **lontong** ロントン**, ketupat** クトゥパッ |
| 肉団子 | **bakso** バクソ |

| | |
|---|---|
| （ヤギなどの）煮込みスープ | **gulai** グライ / **gulé** グレ |
| 酢の物、漬け物 | **acar** アチャル |
| 揚げせんべい、チップス | **kerupuk** クルプッ |
| 　えびせん | *kerupuk* udang |
| 干物 | **ikan asin** イカン アシン |
| そぼろ肉 | **abon** アボン |
| ご飯とおかずの盛り合わせ | **nasi campur** ナシ チャンプル |
| 弁当（テイクアウトのご飯） | **nasi bungkus** ナシ ブンクス |
| フルーツの和え物〔おやつ〕 | **rujak** ルジャッ |
| 菓子、ケーキ | **kué** クエ |
| もち米などを発酵させた菓子 | **tapé** タペ |
| アメ | **permén** プルメン, **manisan** マニサン |
| チョコレート | **coklat** チョクラッ |
| ココナッツミルクのデザート | **kolak** コラッ |
| 飲み物 | **minuman** ミヌマン |
| 水（湯冷まし） | **air putih** アイル プティ |
| 牛乳、ミルク | **susu** ススゥ |
| 紅茶 | **téh** テー |
| ビール | **bir** ビル |
| 酒 | **arak** アラッ, **tuak** トゥアッ |
| コーヒー | **kopi** コピ |
| ジュース | **jus** ジュス |
| 氷、アイス〜 | **és** エス |
| 　アイスティー | *és* téh |
| 　かき氷 | *és* campur |
| 　ココナッツジュース | *és* kelapa muda |
| ホット〜 | **〜 panas** パナス |
| 　ホットオレンジ | jeruk *panas* |

## 住まい

| | |
|---|---|
| 建物 | **bangunan** バグナン, **gedung** グドゥン |
| 家 | **rumah** ルマ |
| 庭 | **halaman** ハラマン, **pekarangan** プカランガン |
| 屋根 | **atap** アタップ |
| 天井 | **langit-langit** ランギッランギッ |
| 床 | **lantai** ランタイ |
| 壁 | **témbok** テンボッ, **dinding** ディンディン |
| 柱 | **tiang** ティアン |
| ドア | **pintu** ピントゥ |
| 入口 | **pintu masuk** ピントゥ マスッ |
| 出口 | **pintu keluar** ピントゥ クルアル |
| 窓 | **jendéla** ジュンデラ |
| 階段 | **tangga** タンガ |
| 部屋 | **kamar** カマル, **ruang** ルアン |
| 台所 | **dapur** ダプール |
| トイレ | **kamar kecil** カマル クチル, **WC** ウェーセー, **toilét** トイレッ |
| バスルーム | **kamar mandi** カマル マンディ |
| 客間 | **kamar tamu** カマル タムゥ |
| 寝室 | **kamar tidur** カマル ティドゥル |
| 塀 | **pagar** パガル |
| 門 | **gerbang** グルバン |
| 車庫 | **garasi** ガラシ |
| 倉庫 | **gudang** グダン |
| 下宿 | **kos** コス |
| アパート、マンション | **apartemén** アパルトメン |
| 店舗兼自宅 | **ruko** ルコ (=rumah toko) |
| 2階建て | **(ber)tingkat dua** (ブル)ティンカッ ドゥア |

## 家具・家電

|  |  |
|---|---|
| ベッド | **tempat tidur** トゥンパッ ティドゥル |
| マットレス | **kasur** カスール |
| 枕 | **bantal** バンタル |
| 毛布 | **selimut** スリムッ |
| シーツ | **seprai** スプライ, **sepréi** スプレイ |
| 机、テーブル | **méja** メジャ |
| 椅子 | **kursi** クルシ |
| カーテン | **gordén** ゴルデン / **kordén** コルデン |
| 棚 | **lemari** ルマリ |
| コンロ | **kompor** コンポル |
| 水道、蛇口 | **keran** クラン |
| 冷蔵庫 | **kulkas** クルカス, **lemari és** ルマリ エス |
| 扇風機 | **kipas angin** キパス アギン |
| エアコン | **AC** アーセー |
| テレビ | **télévisi** テレフィシ / **TV** ティーフィー |
| ラジオ | **radio** ラディオ |
| アイロン | **setrika** ストリカ |
| 灯り、電灯 | **lampu** ランプゥ |
| タオル | **handuk** ハンドゥッ |
| 鏡 | **cermin** チュルミン, **kaca** カチャ |
| 歯磨き粉 | **odol** オドル |
| 歯ブラシ | **sikat gigi** シカッ ギギ |
| 石けん | **sabun** サブン |
| シャンプー | **sampo** サンポー |
| 櫛、ヘアブラシ | **sisir** シシル |
| ほうき | **sapu** サプゥ |
| 鍵 | **kunci** クンチ |

## 交通・乗り物

| | |
|---|---|
| 輸送、交通、交通機関 | **transportasi** トランスポルタシ |
| 乗り物 | **kendaraan** クンダラアン, **angkutan** アンクタン |
| 　公共交通機関 | *angkutan* umum |
| 交通、往来 | **lalu lintas** ラルゥ リンタス |
| 車 | **mobil** モビル |
| バイク | **(sepéda) motor** (スペダ) モトル |
| 自転車 | **sepéda** スペダ |
| タクシー | **taksi** タクシ |
| バイクタクシー | **ojék** オジェッ |
| バス | **bis** ビス / **bus** ブス |
| 乗り合いバン | **angkutan kota** アンクタン コタ (=angkot アンコッ), **bémo** ベモ |
| オート三輪タクシー | **bajaj** バジャイ |
| 自転車タクシー | **bécak** ベチャッ |
| トラック | **truk** トルッ |
| 列車 | **keréta api** クレタ アピ, **keréta listrik** クレタ リストリッ |
| 飛行機 | **pesawat (terbang)** プサワッ (トゥルバン) |
| 船 | **kapal** カパル |
| 港 | **pelabuhan** プラブハン |
| 空港 | **bandara** バンダラ (=bandar udara) |
| 駅 | **stasiun** スタシウン |
| ターミナル | **términal** テルミナル |
| 　出発ターミナル | *términal* keberangkatan |
| 　到着ターミナル | *términal* kedatangan |
| 停留所 | **halte** ハルト, **perhentian** プルフンティアン |

| | |
|---|---|
| 駐車場 | **parkir** パルキル |
| 道路、通り | **jalan** ジャラン |
| 小路、路地 | **gang** ガン |
| 交差点 | **perempatan** プルンパタン |
| 歩道 | **trotoar** トロトアル |
| 高速道路 | **jalan tol** ジャラン トル |
| ガソリンスタンド | **pompa bénsin** ポンパ ベンシン |
| 信号 | **lampu lalu lintas** ランプウ ラルゥ リンタス |
| チケット、切符 | **tikét** ティケッ, **karcis** カルチス |
| 目的地、行き先 | **tujuan** トゥジュアン, **jurusan** ジュルサン |
| 乗る | **naik** ナイッ |
| 降りる | **turun** トゥルン |
| 運転する | **menyetir** ムニュティル |
| 通る | **léwat** レワッ, **meléwati** ムレワティ, **melalui** ムラルイ |
| 渡る、横切る | **menyeberang** ムニュブラン |
| 曲がる | **bélok** ベロッ |
| 回る、迂回する | **(ber)putar** (ブル)プタル |
| 渋滞した | **macét** マチェッ |
| すいている、人通りの少ない | **sepi** スピ |
| ルート | **jalur** ジャルール |
| (飛行機の) 便、路線 | **penerbangan** プヌルバガン |
| 国内線 | *penerbangan* doméstik |
| 国際線 | *penerbangan* internasional |
| 運転免許証 | **SIM** シム (=Surat Izin Mengemudi) |
| 修理工場 | **béngkél** ベンケル |
| 運転手 | **sopir** ソピル, **supir** スピル |
| 乗客 | **penumpang** プヌンパン |

## 旅行・買い物

| | |
|---|---|
| 観光 | **wisata** ウィサタ / **pariwisata** パリウィサタ |
| 観光客 | **wisatawan** ウィサタワン, **turis** トゥリス |
| ツアー | **tur** トゥル |
| 旅行会社 | **agén perjalanan** アゲン プルジャラナン, **travél** トラフェル |
| 保険 | **asuransi** アスランシ |
| 入国管理局 | **kantor imigrasi** カントル イミグラシ |
| 大使館 | **kedutaan besar** クドゥタアン ブサル |
| 総領事館 | **konsulat jénderal** コンスラッ ジェンドラル |
| 国籍 | **warganegara** ワルガヌガラ |
| 外国人 | **orang asing** オラン アシン |
| パスポート | **paspor** パスポル |
| ビザ | **visa** フィサ |
| ホテル | **hotél** ホテル |
| 民宿、安宿 | **losmén** ロスメン |
| レストラン、食堂 | **réstoran** レストラン, **rumah makan** ルマ マカン |
| 屋台 | **warung** ワルン |
| スーパーマーケット | **pasar swalayan** パサル スワラヤン, **supermarkét** スプルマルケッ |
| デパート | **tosérba** トセルバ |
| ショッピングモール | **mal** モル |
| 市場 | **pasar** パサル |
| 店 | **toko** トコ, **warung** ワルン |
| 荷物 | **bagasi** バガシ, **barang** バラン |
| スーツケース | **koper** コプル |
| 財布 | **dompét** ドンペッ |

| | |
|---|---|
| クレジットカード | **kartu krédit** カルトゥ クレディッ |
| お金 | **uang** ウアン |
| おつり | **(uang) kembali** (ウアン) クンバリ |
| 値段 | **harga** ハルガ |
| 料金 | **ongkos** オンコス |
| 税金 | **pajak** パジャッ |
| 領収書 | **kwitansi** クウィタンシ, **kuitansi** クイタンシ |
| 勘定、支払い | **bon** ボン |
| 両替する | **menukar uang** ムヌカル ウアン |
| 為替レート | **kurs** クルス |
| （値段が）高い | **mahal** マハル |
| 安い | **murah** ムラ |
| みやげ | **oléh-oléh** オレオレ |
| 買い物する、買う | **berbelanja** ブルブランジャ, **membeli** ムンブリ |
| 売る | **menjual** ムンジュアル |
| 支払う | **membayar** ムンバヤル |
| 値切る | **menawar harga** ムナワル ハルガ |
| 予約する、注文する | **memesan** ムムサン |
| 宿泊する | **menginap** ムギナップ |
| 預ける | **menitip** ムニティプ |
| 事故 | **kecelakaan** クチュラカアン |
| 泥棒 | **maling** マリン, **pencuri** プンチュリ |
| なくなる、紛失 | **hilang** ヒラン, **kehilangan** クヒラガン |
| 住所 | **alamat** アラマッ |
| 電話番号 | **nomor télépon** ノモル テレポン |
| 地図 | **peta** プタ |
| スケジュール | **jadwal** ジャドワル |
| 予定、計画 | **rencana** ルンチャナ, **acara** アチャラ |

| 国・地域 | |
|---|---|
| 世界 | **dunia** ドゥニア |
| 国 | **negara** ヌガラ |
| 地域、地方 | **daérah** ダエラ, **wilayah** ウィラヤ, **kawasan** カワサン |
| 海外 | **luar negeri** ルアル ヌグリ |
| 国内 | **dalam negeri** ダラム ヌグリ |
| ヨーロッパ | **Éropa** エロパ |
| 中東 | **Timur Tengah** ティムル トゥンガ |
| アフリカ | **Afrika** アフリカ |
| アジア | **Asia** アシア |
| 東南アジア | **Asia Tenggara** アシア トゥンガラ |
| インドネシア共和国 | **Républik Indonésia** レプブリッ インドネシア (=RI) |
| アメリカ合衆国 | **Amérika Serikat** アメリカ スリカッ (=AS) |
| イギリス | **Inggris** イングリス |
| フランス | **Prancis / Perancis** プランチス |
| ドイツ | **Jérman** ジェルマン |
| オランダ | **Belanda** ブランダ |
| スペイン | **Spanyol** スパニョル |
| ギリシャ | **Yunani** ユナニ |
| トルコ | **Turki** トゥルキ |
| オーストラリア | **Australia** アウストラリア |
| ニュージーランド | **Selandia Baru** スランディア バルゥ |
| サウジアラビア | **Arab Saudi** アラップ サウディ |
| エジプト | **Mesir** ムシル |
| ロシア | **Rusia** ルシア |
| 中国 | **Cina** チナ |
| インド | **India** インディア |

| | |
|---|---|
| 日本 | **Jepang** ジュパン |
| 韓国 | **Koréa Selatan** コレア スラタン (=Korsél) |
| タイ | **Thailand** タイラン, **Muang Thai** ムアン タイ |
| ベトナム | **Viétnam** フィエトナム |
| ミャンマー、ビルマ | **Myanmar** ミャンマル, **Birma** ビルマ |
| フィリピン | **Filipina** フィリピナ, **Pilipina** ピリピナ |
| マレーシア | **Malaysia** マレイシア |
| ブルネイ | **Brunéi Darussalam** ブルネイ ダルサラム |
| シンガポール | **Singapura** シンガプラ |
| 東ティモール | **Timor Timur** ティモル ティムル (=Timtim), **Timor Lésté** ティモル レステ |
| ヌサンタラ〔インドネシア地域の別称〕 | **Nusantara** ヌサンタラ |
| ジャワ | **Jawa** ジャワ |
| バリ | **Bali** バリ |
| カリマンタン | **Kalimantan** カリマンタン |
| スラウェシ | **Sulawesi** スラウェシ |
| スマトラ | **Sumatra** スマトラ |
| ジョグジャカルタ | **Yogyakarta** ヨグヤカルタ / ジョグジャカルタ |
| ジャカルタ首都特別市 | **DKI Jakarta** デーカーイー ジャカルタ (=Daérah Khusus Ibukota Jakarta) |
| 首都 | **ibu kota** イブゥ コタ |
| 都市部 | **(daérah) perkotaan** (ダエラ) プルコタアン |
| 村落部 | **(daérah) pedésaan** (ダエラ) プデサアン |
| 住宅地 | **(daérah) perumahan** (ダエラ) プルマハン |
| オフィス街 | **(daérah) perkantoran** (ダエラ) プルカントラン |
| (国境などの) 境界 | **perbatasan** プルバタサン |
| 先進国 | **negara maju** ヌガラ マジュ |
| 発展途上国 | **negara berkembang** ヌガラ ブルクンバン |

## 通信・情報

| | |
|---|---|
| 通信、コミュニケーション | **komunikasi** コムニカシ |
| 情報 | **informasi** インフォルマシ |
| 電話 | **télépon** テレポン |
| 携帯電話 | **HP** ハーペー, **ponsél** ポンセル, **télépon genggam** テレポン グンガム |
| （電話の）利用可能残額 | **pulsa** プルサ |
| インターネット | **internét** インテルネッ |
| 　インターネットカフェ | warnét (=warung *internét*) |
| E メール | **email** イーメイル, **imél** イーメル |
| E メールアドレス | **alamat imél** アラマッ イーメル |
| ウェブサイト | **situs wéb** シトゥス ウェブ |
| 郵便 | **pos** ポス |
| 手紙 | **surat** スラッ |
| 小包 | **pakét** パケッ |
| 速達 | **pos kilat** ポス キラッ |
| 船便 | **pos laut** ポス ラウッ |
| 航空便 | **pos udara** ポス ウダラ |
| 切手 | **perangko** プランコ |
| はがき | **kartu pos** カルトゥ ポス |
| 封筒 | **amplop** アンプロプ |
| マスメディア | **média massa** メディア マサ |
| ニュース | **berita** ブリタ, **warta berita** ワルタ ブリタ |
| 新聞 | **koran** コラン, **surat kabar** スラッ カバル |
| 雑誌 | **majalah** マジャラ |
| 記事 | **artikel** アルティクル |
| 放送 | **siaran** シアラン |
| 番組 | **acara** アチャラ, **program** プログラム |

## 行政

| | |
|---|---|
| 政治 | **politik** ポリティッ |
| 政府 | **pemerintah** プムリンタ |
| 省 | **kementerian** クムントリアン, **département** デパルトメン |
| 国会 | **DPR** デーペーエル (=Déwan Perwakilan Rakyat) |
| 軍、軍人 | **tentara** トゥンタラ |
| 大統領 | **présidén** プレシデン |
| 首相 | **perdana menteri** プルダナ ムントゥリ |
| 大臣 | **menteri** ムントゥリ |
| 議員 | **anggota parlemén** アンゴタ パルレメン |
| 州 | **provinsi** プロフィンシ |
| 県 | **kabupatén** カブパテン |
| 町、市 | **kota** コタ, **kotamadya** コタマディヤ |
| 村 | **désa** デサ, **kelurahan** クルラハン |
| 州知事 | **gubernur** グブルヌル |
| 県知事 | **bupati** ブパティ |
| 市長、町長 | **walikota** ワリコタ |
| 村長 | **kepala désa** クパラ デサ, **lurah** ルラ |
| 役所、事務所 | **kantor** カントル |
| 支所、支店 | *kantor* cabang |
| 憲法 | **undang-undang dasar** ウンダンウンダン ダサル |
| 法律 | **undang-undang** ウンダンウンダン |
| 予算 | **anggaran belanja** アンガラン ブランジャ |
| 政党 | **partai** パルタイ |
| 選挙 | **pemilihan** プミリハン, **pemilu** プミルゥ |
| 民衆、社会 | **masyarakat** マシャラカッ, **rakyat** ラッヤッ |
| デモ | **unjuk rasa** ウンジュッ ラサ, **démonstrasi** デモンストラシ |

## 文化・宗教・芸術

| | |
|---|---|
| 文化 | **budaya** ブダヤ / **kebudayaan** クブダヤアン |
| 慣習 | **adat** アダッ |
| 言語 | **bahasa** バハサ |
| 　国語 | *bahasa* nasional |
| 　地方語 | *bahasa* daérah |
| なまり、方言 | **logat** ロガッ, **dialék** ディアレッ |
| 宗教 | **agama** アガマ |
| 　イスラム教 | *agama* Islam |
| 　キリスト教 | *agama* Kristen |
| 　ヒンドゥ教 | *agama* Hindu |
| 　仏教 | *agama* Budha |
| 信仰 | **kepercayaan** クプルチャヤアン |
| モスク | **mesjid** ムスジッ |
| 教会 | **geréja** グレジャ |
| 寺院 | **kuil** クイル |
| 民族 | **bangsa** バンサ |
| 　インドネシア民族 | *bangsa* Indonésia |
| 種族 | **suku** スク, **suku bangsa** スク バンサ |
| 　ジャワ人、ジャワ族 | *suku* Jawa |
| 祝祭日 | **hari raya** ハリ ラヤ |
| 独立記念日 | **hari kemerdékaan** ハリ クムルデカアン |
| 断食月 | **bulan Ramadan** ブラン ラマダン, **bulan puasa** ブラン プアサ |
| 断食開け大祭 | **Idul Fitri** イドゥル フィトリ, **Lebaran** ルバラン |
| クリスマス | **Natal** ナタル |
| 中国の旧正月 | **Imlék** イムレッ |
| ニュピ〔バリヒンドゥーの新年〕 | **Nyepi** ニュピ |

| | |
|---|---|
| 礼拝 | **sembahyang** スンバヤン |
| イスラムの礼拝 | **solat** ソラッ |
| メッカ巡礼 | **naik haji** ナイッ ハジ |
| （イスラム教で）許された | **halal** ハラル |
| （イスラム教で）許されていない | **haram** ハラム |
| 断食する | **berpuasa** ブルプアサ |
| 相互扶助 | **gotong royong** ゴトン ロヨン |
| イスラム教指導者 | **ulama** ウラマ, **kiyai** キヤイ |
| 祭司 | **pendéta** プンデタ |
| 伝統祈祷師、呪術師 | **dukun** ドゥクン |
| 無尽、講 | **arisan** アリサン |
| 伝統的な薬効のある健康飲料 | **jamu** ジャムゥ |
| 汚職 | **korupsi** コルプシ |
| 芸術 | **seni** スニ / **kesenian** クスニアン |
| 踊り | **tari** タリ / **tarian** タリアン |
| 音楽 | **musik** ムシッ, **lagu** ラグゥ |
| 演劇、芝居 | **sandiwara** サンディワラ, **drama** ドラマ |
| 絵画 | **lukisan** ルキサン, **gambar** ガンバル |
| 彫刻 | **ukiran** ウキラン, **patung** パトゥン |
| ガムラン音楽 | **gamelan** ガムラン |
| アンクルン〔竹楽器〕 | **angklung** アンクルン |
| 影絵芝居 | **wayang** ワヤン |
| 物語 | **ceritera** チュリトラ / **cerita** チュリタ |
| 小説 | **novél** ノフェル |
| 詩 | **puisi** プイシ, **syair** シャイル |
| 曲、歌 | **lagu** ラグゥ, **nyanyian** ニャニアン |
| コンサート | **konsér** コンセル |
| 展覧会 | **paméran** パメラン |

## スポーツ

| | |
|---|---|
| スポーツ | **olahraga** オラらガ |
| サッカー | **sépak bola** セパッ ボラ |
| バドミントン | **bulu tangkis** ブルゥ タンキス |
| シラット〔伝統武術〕 | **silat** シラッ |
| レスリング | **gulat** グラッ |
| ボクシング | **tinju** ティンジュ |
| バスケットボール | **bola baskét** ボラ バスケッ |
| バレーボール | **bola voli** ボラ フォリ |
| 水泳 | **berenang** ブルナン |
| サーフィン | **selancar** スランチャル |
| 体操 | **senam** スナム |
| ゴルフ | **golf** ゴルフ |
| プレーする | **bermain** ブルマイン |
| 練習する | **berlatih** ブルラティ |
| 勝つ | **menang** ムナン |
| 負ける | **kalah** カラ |
| コーチ | **pelatih** プラティ |
| 選手、演者 | **pemain** プマイン |
| チーム | **tim** ティム |
| 審判、審査員 | **juri** ジュリ |
| 試合 | **pertandingan** プルタンディガン |
| 大会、コンテスト | **lomba** ロンバ |
| 参加する | **ikut** イクッ, **mengikuti** ムギクティ |
| 優勝（者） | **juara** ジュアラ |
| フィールド、競技場 | **lapangan** ラパガン |
| サッカー場 | *lapangan* sépak bola |
| マッサージする | **memijit** ムミジッ, **pijit** ピジッ |

## 基本の動作

| | |
|---|---|
| 寝る | **tidur** ティドゥル |
| 起きる | **bangun** バグン |
| 食べる、食事する | **makan** マカン |
| 飲む | **minum** ミヌム |
| 水浴する | **mandi** マンディ |
| 座る | **duduk** ドゥドゥッ |
| 立つ | **berdiri** ブルディリ |
| タバコを吸う | **merokok** ムロコッ |
| 行く | **pergi** プルギ |
| 私は森へ行く | Saya *pergi* ke hutan. / Saya ke hutan. |
| 来る | **datang** ダタン, **mendatangi** ムンダタンギィ |
| 彼はここへ来る | Dia *datang* ke sini. / Dia ke sini. |
| 私たちの家族の元にやってくる | *mendatangi* keluarga kami |
| 入る | **masuk** マスッ, **memasuki** ムマスキ |
| 村役場に入る | *masuk* ke kantor désa |
| 国会議事堂に入る | *memasuki* gedung DPR |
| 出る | **keluar** |
| 銀行から出る | *keluar* dari bank |
| 出かける、行く | **keluar** クルアル, **berangkat** ブランカッ, **pergi** プルギ |
| 彼はもう出かけた（出た）。 | Dia sudah *keluar* / *berangkat* / *pergi*. |
| 着く、届く | **sampai** サンパイ, **tiba** ティバ |
| 駅に着く | *sampai* di stasiun |
| 戻る | **kembali** クンバリ, **balik** バリッ |
| 帰宅する | **pulang** プーラン |
| 住む | **tinggal** ティンガル, **diam** ディアム |
| 南ジャカルタに住む | *tinggal* di Jakarta Selatan |
| ある、いる | **ada** アダ |

## 日常で使う動詞

| | |
|---|---|
| 歩く | **berjalan** ブルジャラン |
| （あちこち）歩く、散歩する | **berjalan-jalan** ブルジャランジャラン |
| 立ち寄る | **mampir** マンピル, **singgah** シンガ |
| 訪ねる | **berkunjung** ブルクンジュン, **mengunjungi** ムグンジュンギィ |
| 姑の家を訪ねる | *berkunjung* ke rumah mertua |
| 博物館を訪ねる | *mengunjungi* musium |
| 使う | **memakai** ムマカイ, **menggunakan** ムングナカン |
| 作る | **membuat** ムンブアッ, **membikin** ムンビキン |
| 開ける | **membuka** ムンブカ |
| 閉める | **menutup** ムヌトゥプ |
| 洗う | **mencuci** ムンチュチ |
| 干す | **menjemur** ムンジュムル |
| 持つ | **punya** プニャ, **mempunyai** ムンプニャイ, **memiliki** ムミリキ |
| 運ぶ、持って行く、持参する | **membawa** ムンバワ |
| 学校に鉛筆を持って行く | *membawa* pénsil ke sekolah |
| 運ぶ、運搬する | **mengangkut** ムガンクッ |
| やる、与える | **memberi(kan)** ムンブリ(カン) |
| 甥にプレゼントを与える | *memberi* hadiah kepada keponakan |
| 届ける、渡す、伝える | **menyampaikan** ムニャンパイカン |
| 父にお金を届ける | *menyampaikan* uang kepada ayah |
| 知らせる、教える、伝える | **memberitahu(kan)** ムンブリタウ(カン) |
| 行う、実施する | **melakukan** ムラクカン, **melaksanakan** ムラクサナカン |
| 委員長の選出を行う | *melakukan* pemilihan ketua |
| 開催する、実施する | **mengadakan** ムガダカン, **menyelenggarakan** ムニュルンガラカン |

| | |
|---|---|
| 会う | **bertemu** ブルトゥムゥ, **ketemu\*** クトゥムゥ, **menemui** ムヌムイ |
| 大臣に会う | *bertemu* dengan menteri |
| 校長に会う | *menemui* kepala sekolah |
| 言う | **berkata** ブルカタ, **bilang\*** ビラン, **mengatakan** ムガタカン |
| その答えは誤っていると述べる | *berkata* bahwa jawaban itu salah |
| 話す | **berbicara** ブルビチャラ, **membicarakan** ムンビチャラカン |
| その事について母と話す | *berbicara* tentang hal ini dengan ibu |
| 財政問題について話す | *membicarakan* masalah keuangan |
| 聞く | **mendengar** ムンドゥガル, **mendengarkan** ムンドゥガルカン |
| ラジオニュースに聞き入る | *mendengarkan* berita radio |
| 見る | **melihat** ムリハッ |
| 観る、観賞する | **menonton** ムノントン |
| 知る | **tahu** タウ, **mengetahui** ムグタフイ |
| 知る、人を知っている | **kenal** クナル, **mengenal** ムグナル |
| 思う | **kira** キラ, **mengira** ムギラ（受身形 **dikira** ディキラが多い） |
| 私はそう思う。 | Saya *kira* begitu. |
| 私は嘘をついていると思われている。 | Saya *dikira* berbohong. |
| 考える、思う | **(ber)pikir** (ブル)ピキル, **memikirkan** ムミキルカン |
| 私はその試験が易しいと思う。 | Saya *pikir* bahwa ujian itu mudah. |
| 家族のことを考える | *memikirkan* keluarga |
| 理解する、わかる | **mengerti** ムグルティ, **paham** パハム, **menangkap** ムナンカップ |
| 尋ねる | **bertanya** ブルタニャ, **menanyakan** ムナニャカン |
| 明日の予定について尋ねる | *bertanya* mengenai acara bésok |
| 避難民の様子を尋ねる | *menanyakan* keadaan pengungsi |
| 答える | **menjawab** ムンジャワップ |

| | |
|---|---|
| 書く | **menulis** ムヌリス |
| 書く、執筆する | **mengarang** ムガラン |
| 読む | **membaca** ムンバチャ |
| 助ける、手伝う | **membantu** ムンバントゥ, **menolong** ムノロン |
| 助ける、救出する | **menyelamatkan** ムニュラマトカン, **menolong** ムノロン |
| 探す、求める | **mencari** ムンチャリ |
| 借りる | **meminjam** ムミンジャム |
| 　友人から傘を借りる | *meminjam* payung dari teman |
| （お金を払って）借りる | **menyéwa** ムニェワ |
| 　会社の近くで家を借りる | *menyéwa* rumah di dekat kantor |
| 貸す | **meminjamkan** ムミンジャムカン |
| （お金をもらって）貸す | **menyéwakan** ムニェワカン |
| 送る | **mengirim** ムギリム |
| （人を）送る、案内する | **mengantar** ムガンタル |
| 受け取る、受け入れる | **menerima** ムヌリマ |
| 取る | **mengambil** ムガンビル |
| 得る、手に入れる | **mendapat** ムンダパッ, **mendapatkan** ムンダパトカン |
| 写真を撮る | **memotrét** ムモトレッ, **mengambil foto** ムガンビル フォト |
| （自分の）写真を撮る | **berpotrét** ブルポトレッ |
| 　有名な歌手と写真を撮る | *berpotrét* dengan penyanyi terkenal |
| 迎えに行く | **menjemput** ムンジュンプッ |
| 迎える、歓迎する | **menyambut** ムニャンブッ |
| 待つ | **menunggu** ムヌングゥ |
| なくなる、尽くす | **habis** ハビス |
| 始まる | **mulai** ムライ |
| 終わる | **selesai** スルサイ, **berakhir** ブルアヒル |
| 止まる、立ち止まる | **berhenti** ブルフンティ |

## 形状・性質・色

| | |
|---|---|
| 性質、性格 | **sifat** シファッ |
| 形 | **bentuk** ブントゥッ |
| 長い | **panjang** パンジャン |
| （時間が）長い | **lama** ラマ |
| 短い | **péndék** ペンデッ |
| （時間が）短い | **singkat** シンカッ |
| 高い | **tinggi** ティンギ |
| 低い | **rendah** ルンダ |
| 広い | **luas** ルアス |
| 幅広い | **lébar** レバル |
| 狭い | **sempit** スンピッ |
| 厚い | **tebal** トゥバル |
| 薄い | **tipis** ティピス |
| 丸い | **bundar** ブンダル |
| 丸い、球の | **bulat** ブラッ |
| まっすぐな | **lurus** ルルス |
| 四角の | **(per)segi empat** （プル）スギ ウンパッ |
| 固い、強い | **keras** クラス |
| 柔らかい | **empuk** ウンプッ, **lembut** ルンブッ |
| 滑らかな、繊細な | **halus** ハルス |
| 荒い、ざらざらした | **kasar** カサル |
| 壊れた | **rusak** ルサッ |
| 割れた | **pecah** プチャ, **belah** ブラ, **hancur** ハンチュル |
| 折れた | **patah** パタ |
| 濡れた | **basah** バサ |
| 乾いた | **kering** クリン |
| 多い | **banyak** バニャッ, **penuh** プヌウ |

| | |
|---|---|
| 少ない | **sedikit** スディキッ |
| 足りない | **kurang** クーラン |
| いっぱいの、満ちた | **penuh** プヌゥ |
| 空っぽの | **kosong** コソン |
| 新しい | **baru** バルゥ |
| 新しい、新鮮な | **segar** スガル |
| 古い | **lama** ラマ, **tua** トゥア |
| 悪い | **jelék** ジュレッ, **buruk** ブルッ |
| 腐った | **busuk** ブスッ |
| 良い | **baik** バイッ |
| 良い、(外観などが) 素晴らしい | **bagus** バグース |
| きれいな、清潔な | **bersih** ブルシ |
| きれいな、美しい | **indah** インダ |
| きちんとした、整然とした | **rapi** ラピ |
| (問題が) 片付いた、解決した | **bérés** ベレス |
| 汚い | **kotor** コトル |
| きつい、厳しい | **ketat** クタッ |
| 緊密な | **erat** ウラッ |
| ゆるい | **longgar** ロンガル |
| 重い | **berat** ブラッ |
| 軽い | **ringan** リガン |
| 近い | **dekat** ドゥカッ |
| 遠い | **jauh** ジャウ |
| 明るい | **terang** トゥラン |
| 明白な、はっきりした | **jelas** ジュラス |
| 暗い | **gelap** グラップ |
| はやい | **cepat** チュパッ |
| (時期が) はやい | **awal** アワル |

| | |
|---|---|
| 遅い、遅れる | **lambat** ランバッ |
| 遅い、ゆっくりの | **pelan** プラン |
| 本当の、正しい | **betul** ブトゥル, **benar** ブナル, **sungguh** スングゥ |
| 誤った、間違った | **salah** サラ, **keliru** クリルゥ |
| 違う、他の、別の | **lain** ライン |
| 違う、異なる | **berbéda** ブルベダ |
| 同じ | **sama** サマ |
| 重要な | **penting** プンティン |
| 普通の、慣れた | **biasa** ビアサ |
| 普通の、一般の、公の | **umum** ウムゥム |
| 公式な、正式な | **resmi** レスミ, **sah** サー |
| 簡単な、易しい | **mudah** ムダ, **gampang** ガンパン |
| 難しい | **susah** スサ, **sulit** スリッ, **sukar** スカル |
| 安全な | **aman** アマン |
| 無事な | **selamat** スラマッ |
| 危ない | **(ber)bahaya** (ブル)バハヤ |
| 危ない、危機的な | **gawat** ガワッ |
| 色 | **warna** ワルナ |
| 白 | **putih** プティ |
| 黒 | **hitam** ヒタム |
| 赤 | **mérah** メラ |
| 黄 | **kuning** クニン |
| 青 | **biru** ビルゥ |
| 緑 | **hijau** ヒジョウ |
| 色が薄い | **muda** ムダ |
| 　ピンク色 | mérah *muda* |
| 色が濃い | **tua** トゥア |
| 　群青色 | biru *tua* |

## 助動詞

**〜する予定だ**　　　　　**akan** アカン

彼は正職員として採用される予定だ。

> Dia *akan* diangkat sebagai pegawai tetap.

**〜するつもりだ〔近い未来〕**　　**mau** マウ

私はもう少ししたら出かける。　Saya *mau* berangkat sebentar lagi.

**すでに〜している**　　　　**sudah** スダ, **telah** トゥラ

私はすでにあの方と知り合いである。

> Saya *sudah* berkenalan dengan beliau.

**まだ〜していない**　　　　**belum** ブルム

昨日その書類はまだ届いていなかった。

> Kemarin dokumén itu *belum* sampai.

**〜したことがある**　　　　**pernah** ペルナ

彼は中国に行ったことはない。　Dia belum *pernah* ke Cina.

私はかつて薬物など使ったことはない（今後も）。

> Saya tidak *pernah* memakai narkoba.

**まだ〜している**　　　　**masih** マシ

その村にはまだ古い楽器があるという。

> Katanya di désa itu *masih* ada alat musik kuno.

**〜しているところだ**　　　**sedang** スダン

その職員は休暇でヨーロッパに行っているところだ。

> Karyawan itu *sedang* berlibur ke Éropa.

**〜したばかりだ**　　　　**baru** バルー

その研究者は環境に関する論文を書き終えたばかりである。

> Peneliti itu *baru* selesai menyusun sebuah artikel tentang lingkungan.

**〜したい**　　　　**mau** マウ, **ingin** イギン

私はその車を購入したい。　Saya *ingin* membeli mobil itu.

| | |
|---|---|
| ～できる | **bisa** ビサ, **dapat** ダパッ |

私の子供はまだ泳ぐことができない。

Anak saya belum *bisa* berenang.

| | |
|---|---|
| ～する能力がある | **mampu** マンプゥ, **sanggup** サングップ |

その企業は世界貿易で競う能力がある。

Perusahaan itu *mampu* bersaing dalam perdagangan global.

| | |
|---|---|
| ～する機会がある | **sempat** スンパッ |

私は今朝洗濯をする暇がなかった。

Saya tidak *sempat* mencuci pakaian tadi pagi.

| | |
|---|---|
| ～してもよい | **boléh** ボレ |

あなたは30分間休憩してよろしい。

Anda *boléh* beristirahat selama setengah jam.

| | |
|---|---|
| ～してはいけない | **tidak boléh** ティダッ ボレ, **jangan** ジャガン, **dilarang** ディララン（melarang の受身形） |

ここで飲食してはいけない。

*Tidak boléh* makan dan minum di sini.

喫煙禁止。　　　　　　　　　　*Dilarang* merokok.

| | |
|---|---|
| ～しなければならない | **harus** ハルス, **mesti** ムスティ |

私たちは大会で勝つために団結せねばならない。

Kita *harus* bersatu untuk menang di pertandingan.

応募者は必ずしも就労経験がある必要はない。

Pelamar tidak *harus* memiliki pengalaman kerja.

| | |
|---|---|
| ～する必要がある | **perlu** プルルゥ |

国家元首は国民の状況を知る必要がある。

Kepala negara *perlu* mengetahui keadaan masyarakat.

| | |
|---|---|
| ～する必要がない | **tidak usah** ティダッ ウサ, **tidak perlu** ティダッ プルルゥ |

その男を気にする必要はない。　Pria itu *tidak usah* dihiraukan.

## 接続詞・副詞など

| | |
|---|---|
| ～でない〔名詞の否定〕 | **bukan** ブカン |
| キリスト教徒ではない | *bukan* pemeluk agama Kristen |
| ～ない〔名詞以外の否定〕 | **tidak** ティダッ |
| 増加しない | *tidak* bertambah |
| 全く～でない | **tidak ~ sama sekali** ティダッ サマ スカリ, **sama sekali tidak** ～サマ スカリ ティダッ |
| 全く辛くない | *tidak* pedas *sama sekali* |
| ほんの～、～のみ | **hanya** ハニャ, **saja** サジャ |

そのグループのメンバーはほんの数人である。

Anggota grup itu *hanya* beberapa orang *saja*.

| | |
|---|---|
| ～でも | **saja** サジャ, **pun** プン |
| どこへでも | ke mana *saja*, ke mana *pun* |
| ～もまた | **juga** ジュガ, **pula** プラ, **pun** プン |

その企業もまた倒産しそうだ。　Perusahaan itu *juga* mau bangkrut.

| | |
|---|---|
| とても～ | **sangat** サンガッ, **sekali** スカリ |
| とても嬉しい | *sangat* senang, senang *sekali* |
| ～すぎる | **terlalu** トルラルゥ |
| 汚すぎる | *terlalu* kotor |
| 最も～ | **paling** パリン, **ter-** トゥル |
| 友人の間で最も賢い | *paling* cerdas di antara teman-teman |
| より～ | **lebih** ルビ |

この指輪はそのネックレスより価値がある。

Cincin ini *lebih* berharga daripada kalung itu.

| | |
|---|---|
| いつも、普通は | **selalu** スラルゥ, **biasanya** ビアサニャ |

この動物園はいつも混んでいる。Kebun binatang ini *selalu* ramai.

彼はふだん夜の勤務である。*Biasanya* dia bertugas malam.

| | |
|---|---|
| きっと | **pasti** パスティ |

| | | |
|---|---|---|
| その実験はきっと成功するだろう。 | | Uji coba itu *pasti* berhasil. |
| たぶん | **mungkin** ムンキン | |
| たぶん彼はもう引っ越した。 | | *Mungkin* dia sudah pindah rumah. |
| 本当は | **sebenarnya** スブナルニャ, **sebetulnya** スブトゥルニャ | |
| 本当はこの土地は私のものではない。 | | |
| | | *Sebenarnya* tanah ini bukan milik saya. |
| ～らしい、～のようだ | | |
| | **rupanya** ルパニャ, **rasanya** ラサニャ, **katanya** カタニャ | |
| このバッグは偽ブランドのようだ。 | | *Rupanya* tas ini mérek palsu. |
| 彼はもうここには来ない気がする。 | | *Rasanya* dia tidak ke sini lagi. |
| その日程は変更しないそうだ。 | *Katanya* jadwal itu tidak berubah. | |
| そして | **dan** ダン | |
| その係員は輸入品の重さを量り、中身を調べた。 | | |
| Petugas itu menimbang barang impor *dan* memeriksa isinya. | | |
| または、あるいは | **atau** アタウ | |
| ご飯か麺を注文する | memesan nasi *atau* mie | |
| つまり、すなわち | **atau** アタウ, **yaitu** ヤイトゥ, **yakni** ヤクニ; **adalah** アダラ, **ialah** イアラ | |
| TKI、つまりインドネシア人労働者 | | |
| | TKI *atau* Tenaga Kerja Indonésia | |
| インドネシア国旗は、すなわち紅白旗である。 | | |
| | Bendéra negara Indonésia *adalah* Mérah Putih. | |
| だから、したがって | **jadi** ジャディ, **maka** マカ, **sehingga** スヒンガ | |
| 私は昨晩徹夜をしたため、とても眠い。 | | |
| | Tadi malam saya begadang, *jadi* sangat mengantuk. | |
| しかし | **tapi** タピ / **tetapi** トゥタピ, **namun** ナムン | |
| 彼は必死に働いているが、給料は依然低い。 | | |
| | Dia bekerja keras, *tetapi* gajinya tetap rendah. | |

| | |
|---|---|
| それから | **lalu** ラルゥ, **kemudian** クムディアン |

彼は銀行でお金を下ろし、それからローンを払った。

Dia menarik uang di bank, *kemudian* membayar cicilan.

| | |
|---|---|
| もし〜ならば、〜の場合 | **kalau** カロウ, **jika** ジカ |

妨げがなければ、私はそのツアーに参加するつもりだ。

*Kalau* tidak ada halangan, saya mau mengikuti tur itu.

| | |
|---|---|
| 〜なので、なぜならば | **karena** カルナ, **sebab** スバッブ |

彼は窃盗のため逮捕された。　Ia ditangkap *karena* mencuri.

| | |
|---|---|
| 〜する前に、〜の前に | **sebelum** スブルム |

寝る前に歯を磨きなさい。　Sikat gigi *sebelum* tidur!

| | |
|---|---|
| 〜した後で、〜の後で | **sesudah** ススダ, **setelah** ストゥラ |

彼は小遣いをもらった後新しい時計を買った。

Dia membeli jam baru *sesudah* uang saku diberikan.

| | |
|---|---|
| 〜する時、〜の時 | **waktu** ワクトゥ, **ketika** クティカ |

私がまだ幼い時、この町はすでに商業の中心であった。

*Waktu* saya masih kecil, kota ini sudah menjadi pusat perdagangan.

| | |
|---|---|
| 〜する間、〜の間 | **selama** スラマ |

そこに滞在する間、彼はめったに外出しなかった。

*Selama* berada di sana, dia jarang keluar.

| | |
|---|---|
| 〜だとしても | **walaupun** ワロウプン, **meskipun** ムスキプン, **biar** ビアル, **padahal** パダハル |

彼は疲れていても、この課題を終わらせた。

*Meskipun* capai, dia tetap menyelesaikan tugas ini.

その患者は医者に止められているのに肉を食べた。

Pasién itu makan daging, *padahal* dilarang oléh dokter.

| | |
|---|---|
| 〜になるように | **agar** アガル, **supaya** スパヤ, **biar** ビアル |

後で酔わないように薬を飲んでおきなさい。

Minum obat dulu *supaya* tidak mabuk nanti.

# 索 引

### 数字
0（ゼロ） 184
0.5 184
1 184
2 184
3 184
4 184
5 184
6 184
7 184
8 184
9 184
10 184
11 184
12 184
30 184
100 184
1000 184
1万 184
10万 184
100万 184
10億 184
1兆 184
1月 188
2月 188
3月 188
4月 188
5月 188
6月 188
7月 188
8月 188
9月 188
10月 188
11月 188
12月 188
1番目 184
2番目 184
2階建て 212

### アルファベット
Eメール 220
Eメールアドレス 220
Tシャツ 205

### あ
アール〔単位〕 185
アイス～〔飲み物〕 211
アイロン 213
会う 227
青 231
赤 231
赤ちゃん 202
灯り 213
明るい 230
秋 188
アクセサリー 205
悪人の 201
～揚げ 210
揚げせんべい 211
開ける 226
揚げる 206
あご 197
朝 186
明後日 186
足 196
味 206
アジア 218
足の裏 196
明日 186
預ける 217
汗 197
あそこ 189
与える 226
温かい・暖かい 200
頭 196
新しい 230
厚い 229
暑い・熱い 200
あとで 186
あなた 182
兄 183
姉 183
アパート 212
アヒル 194

危ない 231
油 209
油で調理する 206
アフリカ 218
甘い 206
雨 191
アメ 211
アメリカ合衆国 218
誤った 231
荒い 229
洗う 226
嵐 191
アリ 195
ありがとう 181
ある 225
あるいは 235
歩く 226
あれ 182
アンクルン〔竹楽器〕 223
安心な 200
安全な 231
案内する 228

### い
胃 197
いいえ 181
言う 227
家 212
以下 185
イカ 208
（～は）いかが 180
行き先 215
イギリス 218
生きる 202
行く 225
いくつ 182
いくら 182
医師 199
石 191
以上 185
椅子 213
イスラム教指導者

223
イスラムの礼拝 223
イスラム帽 205
忙しい 201
痛い 198
位置 189
市場 216
いつ 182
いっぱいの 230
一般の 231
いつも 234
従兄弟 183
愛しい 200
イナゴ 195
犬 195
イノシシ 194
今 186
イモ 207
妹 183
イヤリング 205
入口 212
いる 225
衣類 205
色 231
色が薄い 231
色が濃い 231
岩 191
インターネット 220
インド 218
インドソケイ〔植物〕 193
インドネシア共和国 218
インドネシア風肉スープ 210
インドネシアローリエ〔香辛料〕 209
インフルエンザ 198

**う**
上 189
ウェブサイト 220
迂回する 215

雨期 188
受け入れる 228
受け取る 228
ウコン 209
ウコンで色付けした黄飯 210
ウサギ 195
牛 194
後ろ 189
薄い 229
歌 223
美しい 230
腕 196
ウナギ 208
馬 194
生まれる 202
海 190
膿 199
ウミガメ 194
ウリ 207
売る 217
(〜できて) 嬉しい 180
嬉しい 200
上着 205
運転手 215
運転する 215
運転免許証 215
運搬する 226
運命 202
運命の相手 202

**え**
エアコン 213
駅 214
エジプト 218
エシャロット 209
枝 193
エビ 208
得る 228
円〔通貨単位〕 185
演劇 223
演者 224

炎症 198

**お**
甥 183
おいしい 206
嘔吐する 198
横柄な 201
往来 214
多い 229
大風 191
大きい 201
オーストラリア 218
オート三輪タクシー 214
公の 231
丘 190
お金 217
おかゆ 210
起きる 225
送る 228
(人を) 送る 228
遅れる 231
お元気ですか 180
行う 226
怒る 200
おじ 183
教え子 204
教える 204
教える (伝える) 226
汚職 223
オス 195
遅い 231
落ち着く 200
夫 183
おつり 217
弟 183
男 202
一昨日 186
おとな 202
踊り 223
驚く 200
同じ 231

おば 183
おはよう 180
帯 205
オフィス街 219
おめでとう 180
重い 230
思う 227
おもしろい 201
およそ 187
オランウータン 194
オランダ 218
降りる 215
折れた 229
愚かな 201
終わる 228
お椀 206
音楽 223
女 202

**か**
蚊 195
蛾 195
カーテン 213
〜回 185
貝 194
絵画 223
海外 218
海岸 190
海峡 190
解決した 230
外国人 216
開催する 226
会社 203
回数 185
階段 212
買い物する 217
買う 217
カエル 195
顔 196
鏡 213
鍵 213
書く 228
〜学 204

学習 204
学生 204
学問 204
影絵芝居 223
菓子 211
賢い 201
貸す 228
数 184
ガス 192
風 191
家政婦 203
風邪をひく 198
家族 183
ガソリンスタンド 215
肩 196
固い 229
形 229
（問題が）片付いた 230
勝つ 224
学校 204
カップ 206
悲しい 200
カニ 208
彼女 182
壁 212
紙 192
雷 191
髪の毛 197
ガムラン音楽 223
カメ 194
カモ 194
かゆい 198
火曜日 188
〜から 189
辛い 206
ガラス 192
空っぽの 230
カリマンタン〔島名〕 219
借りる 228
軽い 230

彼 182
彼ら 182
川 190
皮・革 192
かわいい 201
乾いた 229
為替レート 217
癌 198
考える 227
乾期 188
柑橘類 207
環境 190
歓迎する 228
観光 216
観光客 216
韓国 219
看護師 199
患者 199
慣習 222
勘定 217
感情 200
観賞する 227
関節 197
簡単な 231

**き**
黄 231
木 193
木〔素材〕 192
議員 221
気温 191
（〜する）機会がある 233
きかんぼう 201
危機的な 231
企業 203
義兄弟 183
聞く 227
気候 191
記事 220
儀式 202
記者 203
傷 198

気絶する 198
北 189
帰宅する 225
汚い 230
きちんとした 230
きつい 230
切手 220
きっと 234
切符 215
絹 192
昨日 186
キノコ 193
厳しい 230
気持ち 200
客間 212
キャッサバ 207
キャベツ 207
キャンドルナッツ〔香辛料〕 209
九官鳥 195
救出する 228
求人 203
牛乳 211
球の 229
キュウリ 207
給料 203
今日 186
教育 204
教会 222
境界〔国境など〕 219
競技場 224
教師 204
教室 204
兄弟 183
漁業 203
曲 223
魚醤 209
霧 191
ギリシャ 218
切る 206
きれいな 230
キログラム〔単位〕 185
キロメートル〔単位〕 185
気をつけて 181
金 192
銀 192
金属 192
筋肉 197
勤勉な 201
緊密な 230
金曜日 188

### く

空気 191
空港 214
空心菜 207
空腹な 200
茎 193
草 193
くさい 200
腐った 230
櫛 213
串焼き 210
クジラ 194
薬 199
果物 193, 207
口 196
唇 197
靴 205
靴下 205
国 218
首 196
〜組 185
クモ 195
雲 191
曇り 191
暗い 230
クラス 204
グラス 206
グラム〔単位〕 185
クリスマス 222
来る 225
苦しい 200

車 214
クレジットカード 217
黒 231
クローブ〔香辛料〕 209
軍・軍人 221

### け

計画 217
警官 203
経済 203
芸術 223
携帯電話 220
警備員 203
経歴 202
ケーキ 211
ケガ 198
今朝 186
下宿 212
下旬 187
血圧 199
血液型 199
月経 197
結婚する 202
月食 191
月曜日 188
下品な 201
毛虫 195
下痢をする 198
県 221
元気です 180
言語 222
健康飲料〔伝統的な薬効のある〕 223
健康な 198
県知事 221
憲法 221

### こ

〜個 185
〜後〔時間〕 187
恋人 202

講 223
合格する 204
講義 204
工業 203
航空便 220
合計 185
高校 204
交差点 215
小路 215
公式な 231
香辛料 209
洪水 191
高速道路 215
紅茶 211
交通 214
交通機関 214
公務員 203
コーチ 224
コーヒー 211
氷 211
コオロギ 195
ゴキブリ 195
国籍 216
国内 218
黒米 208
ここ 189
ココナッツミルク 209
ココナッツミルクのデザート 211
小魚〔カタクチイワシなど〕 208
腰 196
腰巻き 205
コショウ 209
答える 227
国会 221
骨折する 199
小包 220
コップ 206
異なる 231
子供 183
粉 208

ご飯 208
ご飯とおかずの盛り合わせ 211
困った 200
コミュニケーション 220
ゴム〔植物〕 193
米 208
ごめんなさい 181
ゴルフ 224
これ 182
怖い 200
壊れた 229
今〜〔時間〕 186
コンサート 223
コンテスト 224
こんにちは 180
今晩 186
こんばんは 180
コンロ 213

### さ
さあ〜しましょう 180
サーフィン 224
サイ 194
祭司 223
裁判官 203
財布 216
材料 192
サウジアラビア 218
探す 228
魚 194, 208
昨晩 186
作物 193
酒 211
サッカー 224
さっき 186
雑誌 220
砂糖 209
寒い 200
サメ 194
さようなら 180

皿 206
ざらざらした 229
サル 194
参加する 224
サンゴ 194
山地 190
残念な 200
散歩する 226

### し
市 221
詩 223
〜時（〜分） 187
試合 224
シーツ 213
寺院 222
塩 209
塩辛い 206
シカ 194
四角の 229
しかし 235
時間 186
事業 203
試験 204
事故 217
仕事 203
持参する 226
辞書 204
地震 191
地滑り 191
（太陽などが）沈む 191
自然 190
子孫 202
下 189
舌 197
〜した後で 236
〜したい 232
したがって 235
〜したことがある 232
〜したばかりだ 232
市長 221

失業（者）　203
実施する　226
湿疹　199
（人を）知っている　227
湿度　191
実の　183
執筆する　228
失礼します　181
〜しているところだ　232
〜してください　181
〜してはいけない　233
〜してもよい　233
自転車　214
自転車タクシー　214
〜しないで　181
〜しなければならない　233
シナモン　209
死ぬ　202
芝居　223
支払い　217
支払う　217
〜時半　187
島　190
事務所　221
閉める　226
地面　191
じゃあ　180
社会　221
ジャガイモ　207
ジャカルタ首都特別市　219
蛇口　213
車庫　212
写真を撮る　228
ジャスミン〔植物〕　193
社長　203
ジャックフルーツ　207

ジャワ〔島名〕　219
シャンプー　213
州　221
宗教　222
従業員　203
住所　217
ジュース　211
渋滞した　215
住宅地　219
州知事　221
舅・姑　183
重役　203
重要な　231
修理工場　215
授業　204
塾　204
祝祭日　222
熟した　206
宿泊する　217
手術　199
呪術師　223
首相　221
種族　222
出血する　198
出産する　199
首都　219
省　221
賞　224
ショウガ　209
小学校　204
乗客　215
商業　203
症状　198
小説　223
商人　203
上品な　201
丈夫な　201
小便（をする）　197
情報　220
しょうゆ　209
ショール〔伝統衣装・女性用〕　205
職員　203

職業　203
食事する　225
ジョグジャカルタ〔都市名〕　219
食堂　216
職人　203
植物　193
初旬　187
所帯を持った　202
ショッピングモール　216
諸島　190
処方箋　199
知らせる　226
シラット〔伝統武術〕　224
シラミ（虱）　195
尻　196
私立　203
知る　227
汁そば　210
白　231
白いご飯　210
シンガポール　219
信仰　222
信号　215
審査員　224
診察　199
寝室　212
真珠　192
浸水　191
人生　202
親戚　183
新鮮な　230
心臓　197
心臓病　198
親族　183
身体　196
心配な　200
審判　224
新聞　220

### す

酢 209
水泳 224
スイカ 207
水牛 194
すいている 215
水道 213
水曜日 188
水浴する 225
数学 204
数字 184
スーツケース 216
スーパーマーケット 216
スープ 210
スカート 205
スカーフ〔イスラム女性用〕 205
好きだ 200
〜すぎる 234
少ない 230
スケジュール 217
錫（すず）192
涼しい 200
頭痛がする 198
酸っぱい 206
すでに〜している 232
砂 191
すなわち 235
酢の物 211
（外観などが）素晴らしい 230
スプーン 206
スペイン 218
スポーツ 224
ズボン 205
スマ〔カツオに似た魚〕208
スマトラ〔島名〕219
すみません 181
住む 225

スラウェシ〔島名〕219
〜する間 236
〜するつもりだ 232
〜する時 236
〜する前に 236
〜する予定だ 232
座る 225

### せ

性格 229
生活 202
世紀 186
性器 196
税金 217
清潔な 230
政治 221
正式な 231
性質 229
誠実な 201
整然とした 230
生徒 204
政党 221
政府 221
生理 197
世界 218
背が高い 201
背が低い 201
咳 198
石炭 192
赤道 191
石油 192
赤痢 198
石けん 213
背中 196
背骨 196
狭い 229
先〜〔時間〕187
選挙 221
繊細な 229
選手 224
先進国 219
先祖 202

世代 202
センチメートル〔単位〕185
善人の 201
扇風機 213

### そ

ゾウ 194
倉庫 212
相互扶助 223
早朝 186
総領事館 216
速達 220
そこ 189
素材 192
そして 235
卒業する 204
外 189
祖父 183
祖母 183
そぼろ肉 211
それ 182
それから 236
村長 221
村落部 219

### た

田 190
ターミナル 214
タイ〔国名〕219
鯛 208
体温 199
大会 224
大海 190
大学 204
大学教員 204
大学生 204
大気 191
大使館 216
退職する 202
大臣 221
大豆 207
体操 224

大統領 221
台所 212
台風 191
大便 (をする) 197
太陽 190
唾液 197
タオル 213
タカ 195
高い 229
(値段が) 高い 217
だから 235
滝 190
タクシー 214
竹 193
助ける 228
尋ねる 227
訪ねる 226
正しい 231
立ち止まる 228
立ち寄る 226
立つ 225
建物 212
〜だとしても 236
棚 213
谷 190
種 (たね) 193
楽しい 200
タバコを吸う 225
タピオカ 208
たぶん 235
食べ物 210
食べる 225
卵 208
タマリンド〔香辛料〕 209
足りない 230
誰 182
断食開け大祭 222
断食する 223
断食月 222

**ち**
血 197

地域 218
チーク〔植物〕 193
小さい 201
チーム 224
近い 230
違う 231
地球 190
チケット 215
地図 217
父 183
チップス 211
血のつながっていない 183
地方 218
ちまき 210
チャーハン 210
茶碗 206
中央 189
中学校 204
中華鍋 206
中国 218
中国の旧正月 222
注射 199
駐車場 215
中旬 187
中心 189
中東 218
注文する 217
腸 197
蝶 195
長〔役職〕 203
彫刻 223
丁字〔香辛料〕 209
頂上 190
町長 221
調味料
チョコレート 211
チリソース 209
治療 199

**つ**
ツアー 216
通信 220

使う 226
疲れた 200
月 190
月〔暦〕 186
着く 225
机 213
尽くす 228
作る 226
漬け物 211
伝える 226
土 191
津波 191
つぼみ 193
妻 183
つまり 235
爪 196
冷たい 200
強い 229
強い〔人の描写〕 201
つらい 200

**て**
手 196
〜で 189
停留所 214
テーブル 213
出かける 225
手紙 220
〜できる 233
出口 212
鉄 192
手伝う 228
〜でない 234
手に入れる 228
手のひら 196
では 180
デパート 216
〜でも 234
デモ 221
出る 225
テレビ 213
天気 191

電気 192
デング熱〔感染症〕 198
天井 212
点滴 199
電灯 213
伝統祈祷師 223
天然資源 192
テンペ〔大豆の発酵食品〕 209
店舗兼自宅 212
展覧会 223
電話 220
電話番号 217

## と
ドア 212
ドイツ 218
トイレ 212
銅 192
どういたしまして 181
唐辛子 209
どうぞ 181
東南アジア 218
糖尿病 198
豆腐 208
動物 194
トウモロコシ 207
道路 215
遠い 230
通り 215
通る 215
トカゲ 195
独立記念日 222
どこ 182
年老いた 201
都市部 219
土砂崩れ 191
ドジョウ 208
トッケイ（大ヤモリ） 195
どっち 182

とても～ 234
届く 225
届ける 226
トマト 209
止まる 228
友達 202
土曜日 188
トラ 194
トラック 214
鳥 194
ドリアン 207
取る 228
ドル〔通貨単位〕 185
トルコ 218
どれ 182
泥棒 217
どんな 182
トンボ 195

## な
～ない 234
ナイフ 206
治る 198
中 189
長い 229
（時間が）長い 229
泣く 200
なくなる 217, 228
ナス 207
なぜならば 236
夏 188
菜っ葉 207
何 182
～なので 236
鍋 206
生意気な 201
名前 180
怠け者の 201
ナマズ 208
生の 206
なまり 222
波 190

涙 197
滑らかな 229
習い事 204
慣れた 231
何月？ 188
南西 189
何でもありません 181
何番目 184
何曜日？ 188

## に
～に 189
苦い 206
にきび 197
肉 208
憎い 200
肉団子 210
（ヤギなどの）煮込みスープ 211
西 189
虹 191
～日〔日付〕 187
～日間 187
日曜日 188
日食 191
～になるように 236
日本 219
荷物 216
入院する 199
入国管理局 216
ニュージーランド 218
ニュース 220
乳房 196
乳幼児 202
ニュピ〔バリヒンドゥーの新年〕 222
煮る 206
庭 212
鶏 194
～人 185

~人兄弟 183
ニンジン 207
妊娠する 199
ニンニク 209

### ぬ
ヌサンタラ〔インドネシア地域の別称〕 219
布 205
塗り薬 199
濡れた 229

### ね
根 193
値切る 217
ネクタイ 205
猫 195
ネズミ 195
値段 217
熱（がある） 198
ネックレス 205
眠い 200
寝る 225
年 186
ねんざする 199
年齢 202

### の
〜の間 236
〜の後で 236
脳 197
農業 203
脳出血 198
農民 203
（〜する）能力がある 233
のど 196
のどが渇く 200
〜の時 236
〜の場合 236
（太陽などが）昇る 191
〜の前に 236
〜のみ 234
ノミ 195
飲み物 211
飲む 225
〜のようだ 235
乗り合いバン 214
乗り物 214
乗る 215
のんびりした 201

### は
歯 197
葉 193
パーセント 185
はい 181
肺 197
バイク 214
バイクタクシー 214
パイナップル 207
ハイビスカス〔植物〕 193
入る 225
ハエ 195
はがき 220
鋼（はがね） 192
吐き気がする 198
運ぶ 226
箸 206
始まる 228
場所 189
柱 212
蓮 193
バス 214
恥ずかしい 200
バスケットボール 224
パスポート 216
バスルーム 212
肌 197
バター 209
畑 191
ハチ 195
はっきりした 230
バッタ 195
発展途上国 219
ハト 195
バドミントン 224
花 193
鼻 196
話す 227
バナナ 207
バナナの葉で包んだ蒸し焼き 210
鼻水 197
母 183
パパイヤ 207
幅広い 229
歯ブラシ 213
歯磨き粉 213
はやい 230
（時期が）はやい 230
腹 196
バラ 193
バリ〔島名〕 219
春 188
晴れ 191
バレーボール 224
腫れる 198
パン 208
ハンカチ 205
番組 220
ハンサムな 201
ばんそうこう 199
パンダヌス〔香辛料〕 209
パンツ 205
半島 190
半分 185

### ひ
火 191
ビール 211
東 189
東ティモール 219

火が通った 206
光 190
低い 229
飛行機 214
ひざ 196
ビザ 216
ひじ 196
美人の 201
ひたい 197
左 189
ヒツジ 194
(〜する)必要がある 233
(〜する)必要がない 233
人通りの少ない 215
ビニール 192
皮膚 197
干物 211
病院 199
病気 198
病気の 198
昼 186
ヒル（蛭） 195
ビルマ 219
広い 229
ビン 206
便〔飛行機〕 215

### ふ
不安な 200
フィールド 224
フィリピン 219
封筒 220
フォーク 206
吹き出物 199
服 205
ふくらはぎ 196
フケ 197
籐 193
無事な 231
ブタ 194
普通の 231

普通は 234
ブドウ 207
太った 201
太もも 196
船便 220
船 214
冬 188
フライ 210
ブラウス〔伝統衣装・女性用〕 205
ブラジャー 205
プラスチック 192
フランス 218
不良の 201
古い 230
フルーツの和え物〔おやつ〕 211
ブルネイ 219
プルメリア〔植物〕 193
プレーする 224
フレーバーソース 209
文化 222
文学 204
紛失 217
〜分の…〔分数〕 185
〜分前 187

### へ
〜へ 189
ヘアブラシ 213
塀 212
平地 190
〜平方 185
平野 190
ベッド 213
別の 231
ベトナム 219
ヘビ 195
部屋 212
ベルト 205

勉強 204
勉強する 204
弁護士 203
ベンジャミン〔植物〕 193
弁当〔テイクアウトのご飯〕 211

### ほ
方角 189
ほうき 213
方言 222
方向 189
帽子 205
宝石 192
放送 220
包帯 199
包丁 206
法律 221
頬 197
他の 231
ボクシング 224
北西 189
北東 189
保険 216
補佐 203
星 190
干す 226
ホット〜〔飲み物〕 211
ホテル 216
歩道 215
骨 197
本 204
本当の 231
本当は 235
ほんの〜 234

### ま
マーガリン 209
毎〜 187
前 189
〜前〔時間〕 187

曲がる 215
枕 213
マグロ 208
負ける 224
孫 183
貧しい 201
マスメディア 220
まだ〜していない 232
まだ〜している 232
また会いましょう 180
または 235
町 221
間違った 231
待つ 228
まつげ 197
マッサージする 224
まっすぐな 229
全く〜でない 234
マットレス 213
〜まで 189
窓 212
眉毛 197
真夜中 186
丸い 229
マレーシア 219
回る 215
マングローブ〔植物〕 193
マンゴー 207
マンゴスチン 207
マンション 212
満腹な 200

**み**
実 193
ミカン 207
幹 193
右 189
短い 229
（時間が）短い 229
水 191

水（湯冷まし）211
湖 190
水ぼうそう 198
店 216
満ちた 230
緑 231
港 214
南 189
耳 196
ミミズ 195
みやげ 217
ミャンマー 219
観る 227
見る 227
ミルク 211
民間 203
民衆 221
民宿 216
民族 222

**む**
迎えに行く 228
迎える 228
無口な 201
婿 183
虫 194
無尽 223
蒸す 206
難しい 231
胸 196
村 221

**め**
目 196
姪 183
明白な 230
メートル〔単位〕 185
眼鏡 205
メス 195
メッカ巡礼 223
綿 192
麺 208

**も**
毛布 213
木材 192
目的地 215
モクマオウ〔植物〕 193
木曜日 188
もし〜ならば 236
モスク 222
もち米 208
もち米などを発酵させた菓子 211
持つ 226
持って行く 226
最も〜 234
求める 228
戻る 225
物語 223
〜もまた 234
門 212

**や**
〜屋 203
〜焼き 210
ヤギ 194
焼きそば 210
焼く 206
役所 221
野菜 207
易しい 231
優しい 201
ヤシ 193
安い 217
安宿 216
やせた 201
屋台 216
薬局 199
屋根 212
山 190
やめて 181
ヤモリ 195
やる（渡す）226
柔らかい 229

## ゆ
夕方　186
優勝　224
郵便　220
裕福な　201
床　212
雪　191
輸送　214
ゆっくりの　231
ゆで野菜のピーナッツソース和え　210
ゆでる　206
指　196
指輪　205
ゆるい　230
(イスラム教で) 許された　223
(イスラム教で) 許されていない　223

## よ
良い　230
良い香りの　200
ようこそ　181
幼稚園　204
幼虫　195
ヨーロッパ　218
横　189
横切る　215
予算　221
予定　217
読む　228
嫁　183
予約する　217
より　234
〜より多い　185
〜より少ない　185
夜　186
(〜に) よろしく　180

## ら
ラーメン　210
来〜〔時間〕　186
ライオン　194
ライム　209
〜らしい　235
ラジオ　213
ラタン〔植物〕　193
落花生　207
蘭　193

## り
リーダー　203
理解する　227
陸　190
離婚する　202
リットル〔単位〕　185
流産する　199
両替する　217
(電話の) 利用可能残額　220
料金　217
領収書　217
両親　183
料理　210
料理する　206
〜力〔エネルギー〕　192
旅行会社　216
リラックスした　201
履歴 (書)　202
リンゴ　207

## る
ルート　215
ルピア〔通貨単位〕　185

## れ
礼儀正しい　201
冷蔵庫　213
礼拝　223
歴史　204
レストラン　216
レスリング　224
列車　214
列島　190
レモングラス〔香辛料〕　209
練習する　224

## ろ
ろうけつ染め　205
老人　202
労働者　203
路地　215
ロシア　218
路線〔飛行機〕　215
露天商　203

## わ
ワイシャツ　205
若い　201
若芽　193
若者　202
わかる　227
ワシ　195
私　182
私たち　182
渡す　226
渡る　215
ワニ　194
笑う　200
悪い　230
割れた　229

著者紹介
原真由子（はら まゆこ）
2004年東京外国語大学大学院地域文化研究科博士後期課程単位取得満期退学。2008年博士（学術）取得。
現在、大阪大学大学院人文学研究科教授。専門は社会言語学、インドネシア語、バリ語。
著書：『ニューエクスプレスプラス　インドネシア語』（共著、白水社）、『世界の言語シリーズ14　インドネシア語』『インドネシア・バリ社会における二言語使用―バリ語とインドネシア語のコード混在』（大阪大学出版会）

## ニューエクスプレス　インドネシア語単語集

2013年 6 月20日　第 1 刷発行
2022年 4 月 5 日　第 3 刷発行

著　者 ⓒ　原　　真　由　子
発行者　　及　川　直　志
印刷所　　研究社印刷株式会社

発行所　101-0052東京都千代田区神田小川町3の24
　　　　電話 03-3291-7811（営業部）, 7821（編集部）　株式会社　白水社
　　　　www.hakusuisha.co.jp
　　　　乱丁・落丁本は、送料小社負担にてお取り替えいたします。

振替 00190-5-33228　　　　　　　Printed in Japan　　　加瀬製本

ISBN978-4-560-08631-5

▷本書のスキャン、デジタル化等の無断複製は著作権法上での例外を除き禁じられています。本書を代行業者等の第三者に依頼してスキャンやデジタル化することはたとえ個人や家庭内での利用であっても著作権法上認められていません。

## 東南アジア最大国の公用語

■降幡正志／原 真由子 著

## ニューエクスプレス＋(プラス)
# インドネシア語

東南アジア最大の面積と人口を擁するインドネシア。約13,500にもおよぶ島々に暮らす、多様な民族の公用語がインドネシア語です。ほぼローマ字読みで発音でき、日本人にも学びやすい言語といえます。ウルトラマンティガに含まれる tiga（数字の3）や旅行雑誌の名称にもなっている jalan（道）など、なじみのある単語も。sama-sama（一緒に）のような重複語が多いのも特徴です。スマトラ、ジャワ、バリ、カリマンタン……魅力あふれる島々に、まずは言葉から触れてみませんか？

A5判　162頁【CD付】